高中阶段整本书阅读教学策略

梁伟新／著

 吉林大学出版社

·长春·

图书在版编目（CIP）数据

高中阶段整本书阅读教学策略 / 梁伟新著. -- 长春:
吉林大学出版社, 2020.7
ISBN 978-7-5692-6501-9

Ⅰ.①高… Ⅱ.①梁… Ⅲ.①阅读课—教学研究—高
中 Ⅳ.①G633.332

中国版本图书馆CIP数据核字(2020)第079650号

书　　名：高中阶段整本书阅读教学策略
GAOZHONG JIEDUAN ZHENGBENSHU YUEDU JIAOXUE CELÜE

作　　者：梁伟新　著
策划编辑：矫　正
责任编辑：张宏亮
责任校对：周　婷
装帧设计：雅硕图文
出版发行：吉林大学出版社
社　　址：长春市人民大街4059号
邮政编码：130021
发行电话：0431-89580028/29/21
网　　址：http://www.jlup.com.cn
电子邮箱：jdcbs@jlu.edu.cn
印　　刷：长春市华远印务有限公司
开　　本：787mm×1092mm　　1/16
印　　张：9.25
字　　数：110千字
版　　次：2020年7月　第1版
印　　次：2020年7月　第1次
书　　号：ISBN 978-7-5692-6501-9
定　　价：50.00元

前　言

　　整本书阅读是古代语文教学最重要的方式，在我国已有悠久的历史。新文化运动之后白话文兴起，语文教材由改编的短篇课文组成，整本书阅读由此被淡化了近百年，在21世纪初的课程改革之后才重新成为热议的内容。整本书阅读对于学生的语文学习、情感培养以及自身知识结构的建构有着极大的优势，但由于学生差异、课时安排、教师精力等原因，整本书阅读教学的实施依旧存在诸多困难，因此我们必须重视整本书阅读教学的落实。

　　高中的语文课程大部分还是在为应试教育服务，语文教师应该如何利用语文课堂时间进行整本书阅读课的讲授，又该如何讲授，这本身就是一个值得思考的问题。当整本书阅读课程化以后，语文教师担负着不可推卸的责任，但是自身在这一方面的教学缺失或者相关理论和经验的缺失，给语文教师带来了教学挑战，老教师如何不故步自封，新教师又如何能守住底线不越出边界呢？因此，本书可以为高中语文教师如何进行整本书阅读教学提供一些思路、想法和参考。

　　本书主要从上篇、中篇和下篇三个部分来论述。上篇是高中阶段整本书阅读教学概述及理论基础，从整本书阅读教学相关概念及内涵、高中阶段整本书阅读教学的类型、高中阶段整本书阅读教学的必要性与可行性、课程标准及教材对整本书阅读的要求等四个方面概述高中阶段整本书阅读教学；并在此基础上阐述高中阶段整本书阅读教学的理论基础，包括语文课程论、系统论思想、文化批评理论、脑科学理论、"格式塔"理论、学习"金字塔"理论、建构主义学习理论。

　　中篇是高中阶段整本书阅读教学现状分析与策略探讨，采用文献研究法、比较分析法和网络问卷调查法，综合研究结果，分别从学生和教师两个维度分析目前高中教学环境中整本书阅读教学的现状、存在的问题及成因，并针对这些问题，依据教学理论，参考已有的成熟案例，提出教学原则及教学策略。其中教学原则包括主体性原则、计划性原则、活动性原则和整体性原则；在此基础上，从整本书阅读起始课、整本书阅读过程课和整本书阅读总结课三个方面运用实例来探讨高中阶段整本书阅读教学策略。

下篇是高中阶段不同文本的整本书阅读教学实践，从高中语文不同文本的整本书阅读教学角度出发，以传记类、学术类、小说类和戏剧类整本书阅读教学为例，探讨教学实践策略，为高中语文教师提供实践教学参考。

由于笔者的能力与水平有限，本书尚有许多不足之处，需要在今后的工作中不断加强学习和深入教学实践，持续关注整本书阅读教学研究。在此，笔者抛砖引玉，旨在促进高中阶段整本书阅读教学的持续发展，相信会有越来越多的语文教育工作者投身于整本书阅读教学研究，高中阶段整本书阅读教学在语文教育工作者的努力下会越来越健全和完善。

目　录

上篇　高中阶段整本书阅读教学概述及理论基础

中篇　高中阶段整本书阅读教学现状分析与策略探讨

下篇　高中阶段不同文本的整本书阅读教学实践

上篇　高中阶段整本书阅读教学概述及理论基础

本篇从整本书阅读教学相关概念及内涵、高中阶段整本书阅读教学的类型、高中阶段整本书阅读教学的必要性与可行性、课程标准及教材对整本书阅读的要求等四个方面概述高中阶段整本书阅读教学，并在此基础上阐述高中阶段整本书阅读教学的理论基础。

一、高中阶段整本书阅读教学概述

（一）整本书阅读教学相关概念及内涵

1.整本书的概念

整本书阅读，顾名思义是阅读整本书，因此界定整本书阅读概念的关键在于明确何为"整本书"。本书所讨论的整本书，特指高中语文教育语境下的阅读书目。

"整"在本书中的意思是"完整"，具有两方面的内涵。其一是形式上的完整，即包括封面、目录、正文等要素，符合联合国教科文组织对图书的定义。其二是思想内容上的完整，具有一以贯之的气脉。类似由出版者选编多个作家作品的书籍（如《国外优秀散文集》）、选编某一作者作品文章的书籍（如《鲁迅散文选集》），其内蕴、思想体系是割裂的，因此不属于本书所论述的"整本书"。但是像《论语》《朝花夕拾》这样的著作在内容、思想上具有一致性，因此看似零碎，实际上也属于整本书的范畴。

"本"是数量单位，可以是独立的一本，也可以是相互关联的多本。也就是说整本书包括单行本（如《鲁滨孙漂流记》）、多卷本（如《平凡的世界》）等。此外，本书所讨论的整本书在内容上具有特殊性。如余党绪认为整本书阅读里的"书"特指能够与个体独特的精神生活和创造性劳动联系在一起的真正的精神产品，而非产品形态上的印刷品或者泛意上的文化产品。[①]李卫东还指出整本书应包括文学作品和非虚构性作品。[②]

因此，"整本书"是指：以"本"的书册形式存在，内容连续、完整，思想体系完整，能够让人获得知识或引起思考的一本或相互联系的多

---

① 参见余党绪. "整本书阅读"之思辨读写策略 [J]. 语文学习, 2016（07）：12-17.
② 参见李卫东. 整本书阅读教学的几种偏向 [J]. 中学语文教学, 2018（01）：7-10.

本书，包括文学作品和非虚构性作品。

2. 整本书阅读的内涵

（1）整本书阅读的含义

什么是整本书阅读，学术界对此似乎并没有确切的概念论述。研究者对此的看法是仁者见仁，智者见智，但在核心意义的指向上具有相同点。笔者根据目前所查阅到的文献资料进行分析，认为整本书阅读是相对于单篇短章阅读、节选文阅读而言的，以作品结构内容无删减或删除的书为阅读对象的一种阅读行为，其阅读对象包括序言、目录、后记等编辑学和出版学内容。其主要强调的就是阅读材料的完整性，以及读者对阅读内容宏观和微观的系统性把握。其阅读内容量大，阅读方法多样，阅读思维宏大，阅读意蕴深厚，需要一定的课程规范、阅读规划和监控指导，是涵养学生精神成长的深度阅读和广度阅读。

（2）整本书阅读与其他类型阅读的关系

①整本书阅读与碎片化阅读

"碎片化阅读"主要是指通过网络、书籍、报纸、杂志、自媒体等多方面的渠道在零碎的、无规则的时间进行阅读，从而获取知识和掌握资讯。"碎片化阅读"有两个主要特点：一是时间碎片化，没有固定的时间和时长，学生可以利用课间、走路、饭后等诸多琐碎的时间进行阅读；二是内容碎片化，能够在短时间内阅读完的文本显然不能是完整的长篇文章，大多数是短讯和新闻，最多是文章的节选。

由此可见，"碎片化阅读"的优势是在信息化时代的大背景下，我们获取信息的渠道更加多元、便捷，可以通过多种方式去获取我们所需要的资料；另一方面，"碎片化阅读"的时效性较强，在日益变快的生活节奏、更加繁重的学习压力下，学生通过"碎片化阅读"可以提高学习效率，用最短的时间获取各种信息。但是问题在于，越来越多的学生对于网络有了依赖，渴望通过简便的方式获取信息和知识，而这种方式存在着以下弊端。

首先，内容繁杂，鱼目混珠。"碎片化阅读"渠道众多，内容繁杂，纵然在数量上占一定的优势，但是在质量上未必都是可靠的，有很多网络上的报道和文章都是个人上传的，存在鱼目混珠的现象，其真实性、权威性和先进性都无法保证。

其次，零散琐碎，不成系统。由于"碎片化阅读"利用的就是我们平时的琐碎时间，阅读平台可以是电脑、手机、报纸、杂志等，所阅读的内容大多是短小的、片面的、不成系统的，长此以往将不利于学生整体思维的发展和完整的知识系统建构。

最后，快餐阅读，丧失趣味。"碎片化阅读"内容多是短文和信息，目的是获取知识、信息或者是消遣，过目即忘，很难给人留下深刻的印象。即便是阅读书评等文学批评类文章，也无法真正获得自己的阅读体验，阅读重要的是过程，只有亲自体验了才知道个中趣味。

综上，整本书阅读与碎片化阅读是既有显著区别又有重要联系的，区别在于：第一，阅读时长不同。阅读整本书显然要比碎片信息花费多得多的时间。第二，阅读时间不同。阅读整本书的时间最好连续，如此才能保证阅读的连贯性和阅读效率，而阅读碎片信息可以在任何时间内完成，并且不受空间的限制。第三，阅读目的不同。人们进行碎片化阅读的目的是更加便捷地获取最前沿的信息和资讯等，而阅读一本书是为了系统掌握某一方面的知识、培养自身的审美能力或者陶冶情操。上海师范大学郑桂华教授认为："整本书阅读是弥补浅阅读、碎片化阅读、伪阅读（纯为应试的阅读）的良药"[1]。由此可见，整本书阅读与碎片化阅读的关系是：整本书阅读与碎片化阅读是阅读的不同方式，我们不可否认碎片化阅读的时效性和便利性，但是整本书阅读可以弥补碎片化阅读带来的零散化、功利性等消极影响。

②整本书阅读与单篇选文阅读

这里的"单篇选文"指的主要是教材中的课文，考虑到体例编排、阅读时长、教学实际等种种原因，教材中的课文选用的大都是精彩的短篇散文、诗歌和长篇小说节选，正因如此，教师在教学过程中会带领学生精读课文，对于古文则一字一句地翻译作注，对于诗歌会反复吟咏诵读，对

---

[1]　郑桂华. 整本书阅读：应为和可为 [J]. 语文学习, 2016（07）：4.

于散文会字斟句酌去体会其内涵和语言，对于小说节选则会抓住细节、语言和动作等分析人物形象。数十年来我们的语文课就是这样上的，根据不同的文本类型归纳出不同的阅读重点和答题模式。单篇选文的阅读是优中择优的细读，它的优点也是显而易见的，除了能够促进学生基础知识的掌握、增强学生精读文章的水平之外，最突出的优势还是在于它的操作性极强，一堂课 45 分钟的时间可以充分地利用，无论课程改革如何进行，这种体系已经发展得十分成熟了。当然即便是很难进行改变，单篇选文的阅读教学依旧是存在着不可忽视的弊端：

首先，对于长篇小说的节选，阅读分析的只是冰山一角，学生很难通过部分内容对整本书有深刻的了解，更不可能对整本书有一个宏观的认识和全面的把握。

其次，学生习惯了单篇短文的阅读方式，不利于对整本书的阅读产生兴趣，更容易形成一种思维定式，什么样的文章如何去读，早已在学生心中有了模式，不利于学生思维能力的培养，更不利于学生真正地和文本、和作者、和书中的主人公进行心灵上的碰撞。

综上，单篇选文是为学生提供了一个范例，教材中选用的文章要区别于其他的文章，叶圣陶先生也曾经说过"教材无非就是个例子"，而教师则是要通过这个例子教会学生名家名篇的语言、内容和写作特点，让学生能够了然于心，获得一种规范化的阅读训练。而阅读整本书的重要目的在于运用——将所学的阅读方法和文学鉴赏真正运用到阅读一本书中，只有经过整本书的阅读实践检验，才能知道学生是否真正地掌握了所学的内容。整本书阅读与单篇选文阅读在语文阅读教学的过程中侧重的内容不一样，单篇课文的阅读属于微观层次的阅读，整本书的阅读属于宏观层次的阅读。在语文阅读教学方面，整本书和单篇的选文都是不可或缺且无法相互替代的，同属于高中语文阅读系统的不同层次，因此在阅读教学中应该充分发挥这两种阅读的优势，全面提升学生的阅读能力和语文素养。

③整本书阅读与课外阅读的关系

《教育大辞典》指出："课外阅读是语文课外活动的一种，它相对于课堂阅读而言，是指学生课外通过阅读书报、影视、巩固和加深课内所学知识，增强求知欲望，丰富精神生活，培养高尚情操，还能帮助学生形成自主学习能力，形成良好的学习习惯。"①所谓开卷有益，课外阅读的好处自然不胜枚举：第一，不分时间，学生可以在任何时间进行阅读，包括课间、课后和假期；第二，不分地点，学生可以在学校、在家里、在户外等一切地方进行阅读；第三，不限内容，可以阅读文学著作、科普文章、新闻资讯、名人传记等一切课本上没有的内容；第四，不拘于形式，学生可以阅读一整本书、可以翻阅报纸杂志、可以借助手机和电脑等进行阅读。

　　在阅读教学方面，1949 年之后的课程标准中几乎看不到"整本书阅读"的提法了，而后的课程标准中提到了"课外阅读"这个概念，并且规定了阅读的书籍数量，在新中国成立以后的很长一段时间里"整本书阅读"都是包含在"课外阅读"之内的。2018年5月上海市语文教研员步根海在兰保民语文教师培训基地作培训时曾说：现在我们谈的整本书阅读首先是课内的阅读，它跟过去纯粹的课外阅读不是一个概念，我们不能再单纯地认为整本书阅读就是课外阅读，或者包含在课外阅读之内了。由于课堂的时间是十分有限的，无法实现让学生在课上进行大量的阅读，因此教师在进行整本书阅读教学时要考虑选文的篇幅，根据内容确定教学重点并在课上进行阅读，剩下的内容需要靠课外阅读这个强大的支撑来完成，课外阅读和整本书阅读都是学生阅读活动的重要方式，也可以说课外阅读是整本书阅读的一个延伸和拓展。

3. 整本书阅读教学的内涵

　（1）整本书阅读教学

　　"教学是一种动态的活动过程；教学是中介，教师与学生相互作用或交往的过程；教学将促进教师、学生的共同发展。"②"阅读教学是学生、教师、教科书编者、文本之间对话的过程。"③这个对话的过程可以理解为学生在教师的引导下运用一定的方法从文本中提取信息并进一步与文本展开交流与对话，以及教师以文本为依托运用一定的方法训练学生提取信息或者对话的技能。阅读教学一方面是交流对话、获取信息的过程，另一方面是培养阅读技能、提高阅读素养的过程。　整本书阅读的对象是一本完

---

① 参见顾明远主编. 教育大辞典（简编本）[M]. 上海：上海教育出版社，1999.
② 张忠原、徐林祥. 语文课程与教学论新编[M]. 南京：江苏教育出版社，2007：3.
③ 中华人民共和国教育部. 义务教育语文课程标准[M]. 北京：北京师范大学出版社，2011：22.

整的书，形式上"是以'本'为单位的完整的书册"①，从前言到后记，内容上是作者表达的开始到结束，强调内容的整体性。整本书阅读教学的内涵，侧重点在于"整"，包括教师完整的教学过程和学生完整的学习过程，教学活动始终围绕整本书展开。作为课堂的一部分，整本书阅读教学可以理解为在一定教育目的规范下，教师指导学生通过整本书的阅读获得整体感知，并与教师、同学、编者、文本之间产生对话的一种教育活动。

（2）整本书阅读教学与单篇短章阅读教学、课外阅读教学内涵辨析

①在课程设置方面，语文教科书一直采用文选式的主题单元编排方式，所选课文都是单篇短章，故而某种意义上可以说，课堂上的语文教学即单篇短章的阅读教学，它具有系统和稳定的特征。相较于有计划有顺序的单篇短章的课内阅读教学，课外阅读是日常的、自发的、以兴趣为导向的，课外阅读教学更多的是在课堂上完成的，与课内单篇短章阅读教学有异曲同工之处，课外阅读是课内阅读的延伸。"语文课堂中所说的整本书阅读，是内嵌于语文课程中、作为一种正式学习活动的整本书阅读。"②整本书阅读教学有明确的课程设计和教学安排，通过具体的教学过程引导学生开展阅读活动，以达成一定的课程教学目标。新课标中建议整本书阅读课时可安排在两个学期，宜集中使用。

②在教师和学生的角色方面，学生的阅读离不开教师的引导与帮助，不同的阅读教学中教师所发挥的作用是不同的。在课内的单篇短章阅读教学中，学生与教师合作鉴赏不同文体的文章语言特色、分析归纳文章主旨、鉴赏艺术表达手法等，教师是引导者、合作者的角色，角色侧重点在于教导。课外阅读教学，是课内阅读教学的延伸，学生阅读的多是推荐书目、不同年级必读书目、节选类文章的原本以及学生自己兴趣爱好类书籍，教师是以倡导者、督促者、管理者的角色出现，角色的侧重点在于引导和督促。整本书阅读教学有课程设置和教学设计，是有目标导向的，教师需给予科学有效的指导，不能放任学生随意去读，教师需对整本书的要点、学生阅读中的问题与学生展开详细的解读、讨论和交流，在此过程中，与学生平等交流探讨，倾听学生的阅读心得，解答学生的疑惑，并给

---

① 马岚岚. 高中整本书阅读的实施研究 [D]. 河北师范大学, 2018: 3.
② 徐鹏. 整本书阅读: 内涵、价值与挑战 [J]. 中学语文教学, 2017 (01): 5.

予学生以正确的价值观念，共同获得提高，故而教师以引领者、指导者、交流者的角色出现，角色的侧重点在于指导。

③在教学目的方面，课内单篇短章阅读教学，是教师通过教授与指导帮助学生学习与阅读相关的理论知识、提高自身阅读能力的过程，学生在课堂上更多的是在学习阅读方法、提升阅读素养；对学生的课外阅读教学，是将课外阅读教学定位为自由、自主、以学生兴趣为导向的学习活动，同时践行与内化课内阅读知识，因此，是学生不断丰富自身阅读趣味、丰富人生体验的过程，它更倾向于学生自身眼界的拓宽和需求的满足；整本书阅读教学，是有组织的、有目的的教学活动，有教师参与指导，有师生、生生之间的交流，它侧重全局性地把握一部作品，阅读精细化，有利于学生养成阅读习惯，提升阅读品味，形成良好的阅读素养。

④在学生角色方面，不同的阅读过程中，学生所处的角色也是不同的。在课内单篇短章的阅读教学中，学生更多的是知识和方法的接受者、学习者；课外阅读教学中，学生是自由的阅读者、享受者；整本书阅读的过程中学生是主导者和探索者。

（二）高中阶段整本书阅读教学的类型

本书将高中阶段整本书阅读教学的类型分为传记类文本、学术类文本和小说类文本和戏剧类文本四种类型。

1. 传记类著作

（1）传记的类型

传记，是一种比较常见文学表现形式，主要是从一些书面的材料或者当事人及相关的人口述，或者进行实地考察等方式得到的材料，经过著作者的排列组合以及叙述描写而成。"传记"最初是将"传"与"记"二者分开论述的，即"二者的侧重点不同，"传"强调的是"叙一人之始末"，而"记"关注的是"叙一事之始末"。到后来，随着时代的发展，"传"和"记"合为一体，称为"传记"，记录的是人物的生平事迹，既记事也记人。如《史记》中不同的部分不仅记载帝王的生平和事迹，也关注重要人物的言行事迹，记人和记事开始融为一体，不再刻意强调人和事的分开记述。根据不同的标准，传记有不同的分类，但是权威的分类没有一个定论，笔者结合多种说法，将传记按照创作方法分为历史传记和文学传记，按照创作主体分为自传和他传，按照传记篇幅长短分为大传和小传等。除上述分类以外，传记中还会有评传。

（2）传记的特点

传记不同于一般的文学作品，它有自身独有的特点，也恰是其纪实性、艺术性和概括性等特点构成了传记独一无二的阅读价值。通过传记的阅读，可以为当下历史和文学的研究提供重要的依据。

纪实性强调的是传记文本的历史价值，在真实性原则的基础上，传记本身就是历史的记录者。如《史记》记录的就是从远古时期的黄帝到汉武帝初期，其中大量的历史事件都可以成为历史研究的重要依据。传记文本的这一特征能够为当下了解历史发展、不同人对同一历史事件的评说以及在不同历史著作中史料的相互补充，为我们当前的历史研究提供一个完善的资料库。

艺术性特征是指传记类文本在创作的过程中会加入一些文学艺术手法，对于细节部分加入一些作者的看法或者想象，以使作品在塑造人物性格时更加饱满，达到的是刻画人物的作用。当然，这种艺术加工的手法，必须建立在真实性的基础之上，而且不能加入毫无根据的虚构和想象，一旦加入虚构就会由纪实性的传记文学变成小说。

传记作品本身是极具概括性的，这种概括性是指在叙述传主的生平事迹时不会完整地展现发生在传主身上的每一件事，而是会根据传记篇幅的大小、塑造人物性格的需要以及从表现作品主题的角度上进行合理适当的筛选。这也就是指传记作品本身就是人物生平的概括性记录。例如《史记》中的人物传记都只列举了对于人物本身来说最为重要的事情，隐去了其他不甚重要的小事。

2. 学术类著作

学术著作是从某一领域出发，作者经过理论和实践的研究得来的成果，而形成的一篇理论性著作。著作本身可以帮助科研发展，推动某一研究领域的理论建设，为学术研究提供指导和帮助。

我们常见的学术著作就有硕博士论文以及单独成书的专著类作品。在整本书阅读教学的过程中，学术著作文本通常是以专著型作品为依托进行活动设计，以提高学生对于学术的初步了解。

从研究内容的角度看，学术著作类文本会涉及各种不同的领域，如社会学、哲学等等。不同的学术著作反映了不同领域的学术研究成果，通过学习这些类型的学术著作，既可以让学生对不同领域的内容有所了解，还能培养学生严谨认真的学习习惯。

3. 小说类著作

小说是一种以记人叙事为主，通过一定的环境描写，运用完整的故事情节，以塑造出不同的极具特色的人物形象，进而达到反映社会生活状况的一种文学体裁。高中语文教材中的小说阅读多是短篇小说，或者长篇小说的节选。因此，在整本书阅读教学中的小说类著作是与教材中的单篇或者短篇相对应的长篇小说，语文教师通过指导学生阅读一整部小说，从把握小说内部的人物关系、理清故事情节以及理解小说主题的角度出发，指导学生从整体上全面地阅读一部小说，以培养学生整本书阅读的能力。

4. 戏剧类著作

戏剧是指以语言、动作、舞蹈、音乐等形式达到叙事目的的舞台表演艺术的总称。本书所讲的戏剧为戏剧表演所创作的文字脚本，即戏剧文学文本，通常称为剧本，是一种侧重以人物台词或旁白为手段、集中反映矛盾冲突的、符合戏剧演出和阅读的文学体裁。戏剧文学作为一种文体，主要有以下特征。

（1）尖锐的矛盾冲突

戏剧作为舞台艺术，必须展现矛盾冲突，吸引观众的目光，平淡的情节只会令人感到寡淡无趣，因此戏剧理论中普遍认为"冲突"是戏剧的本质。小说也讲究冲突，在冲突中表现人物性格，但戏剧和小说不同的地方在于，戏剧受舞台时间的限制，必须在一定时间内使情节发展达到高潮，因此戏剧的矛盾冲突更为尖锐、集中。在手法上，小说可以通过细致的心理描写、环境描写等多种手法来塑造人物形象，而戏剧主要是利用矛盾冲突，冲突越尖锐、越激烈，人物在冲突中的行为体现出的个性也越鲜明。

（2）内容凝练、情节紧凑

戏剧表现的时空受舞台表演的限制较大，表演时间不宜太长，场景也不能随意变换，因此戏剧在对生活做艺术化处理时，要尽可能地将故事内容精简化。西方的新古典主义戏剧提出了"三一律"创作法，即一出戏只有一个完整的故事，并发生在同一个地点、一天之内。中国戏曲家李渔也提出"立主脑"和"剪头绪"的创作原则，即创作时要确立主要物和主要情节，次要人物不过多描写，主要情节以外的情节不过多铺展，人物和情节都精简化。这些戏剧创作的理论，都一定程度地反映了戏剧具有内容高度浓缩的、情节紧凑的特点。

（3）独特的台词艺术

戏剧与其他文体的创作不同，戏剧的叙事和抒情都主要依靠人物的台词完成，整个故事和人物形象主要是在人物的独白或对白中表现出来，也正因为此，戏剧具有独特的台词艺术。一是台词具备刻画人物性格的功能。戏剧和小说不同，小说人物的性格可以直接描述，例如老舍在《骆驼祥子》的开篇中描述祥子的性格特点——"他不怕吃苦""他确乎有点象一棵树，坚壮，沉默，而又有生气"；但是老舍在戏剧《茶馆》中又很少使用这样的描述性话语，而是借助人物的台词塑造了茶馆中各色人等的形象特点。如"多说好话，多请安"是王利安常说的话，表现出了他处世圆滑的特点。可见，在戏剧中台词是塑造人物形象的主要手段。二是人物心理独白的艺术感染力。人物进行独白，就像站在读者面前倾诉，向读者展现其内心世界，拉近了戏剧人物和读者之间的距离。在这样的阅读活动中，读者容易被人物的遭遇和强烈情绪所打动，从而和戏剧人物产生共鸣。三是人物台词蕴含戏剧冲突。戏剧冲突的展现和推动主要依靠人物的台词，例如《哈姆雷特》第一幕第五场中，哈姆雷特和鬼魂的对白，得知了克劳狄斯的罪孽，形成了哈姆雷特与克劳狄斯的冲突，而这一场中哈姆雷特的独白——"拭去一切琐碎愚蠢的记录、一切书本上的格言……"，展示了其"人文主义认识"和丑恶现实之间的冲突。

（三）课程标准及教材对整本书阅读的要求

1. 高中课程标准中整本书阅读的历史探寻

（1）高中阶段整本书阅读思想的开端和确立

1923年，胡适起草的《新学制课程标准高级中学公共必修的国语课程纲要》（以下简称《纲要》）中明确指出："读书分精读与略读两种，都用已经整理过的名著，学生自己研究；略读的书，但求了解欣赏书中大体；精读的书，则须有详细的了解，并应注重文学的技术。上课时，由教员与学生讨论答问。"①这一时期是我国语文课程标准的成型期，也是我国在实行新学制以来，第一次对我国高中的阅读教学提出了方法上的、内容上的要求。《纲要》中值得注意的是：第一，将高级中学应读的名著确定为《水浒传》《儒林外史》《镜花缘》等小说，以及韩愈、欧阳修、苏轼等名家文章，从内容上限定了整本书的选择范围；第二，明确指出阅读方法分为精读和略读；第三，从数量上限定了整本书的阅读，如"以上各种中，精读六种，略读六种"。

1929年《高级中学普通科国文暂行课程标准》（以下简称《暂行课程标准》）在阅读部分的"作业要项"指出，"精读：由教员选定整部的名著，每学期一部为主要读物，辅以单篇的选读"；"略读：使学生从教员的指导，选读名著，于读物的内容旨趣，须有概括的了解和欣赏"。在教材大纲的阅读部分也提到了"专书精读以助长学生作文与看书的能力为主要目的，增益知识启发思想涵养品性为副作用，依照各学年之程度，选定名著，每学期约一部"，"略读学生各就性之所近，力之所及，研究所涉，从教员的指导，选读整部的名著，名著的选本，文学的总集，有价值的杂志，散见各书的单篇作品等。"②与1923年的课程纲要类似，这个《暂行课程标准》也将阅读方法分为精读、略读两类，并且在教学过程中突出了教员对于书籍的选定以及对于阅读过程的指导，并且设置了毕业的最低限制，强调了"曾精读名著六种而能了解与欣赏；曾略读名著十二种而能大致了解欣赏"，更加具体地从数量上对整本书阅读做出要求。

1932年《高级中学国文课程标准》在"教材大纲"中的"阅读部分"指出：专书精读应"依照各学年之程度选定名著，每学期约一部或二部"，略读学生应该根据自己的兴趣爱好"由教员指导，选读整部或选本

---

① 课程教材研究所编. 20 世纪中国中小学课程标准·教学大纲汇编（语文卷）[M]. 北京：人民教育出版社，2001：286.

② 课程教材研究所编. 20 世纪中国中小学课程标准·教学大纲汇编（语文卷）[M]. 北京：人民教育出版社，2001：286.

之名著，散见各书之单篇作品，及有价值之定期刊物"①。其中还提出了要以检阅笔记、测验或者读书报告等方式考察学生的阅读情况，首次提出了关于高中整本书阅读的评价策略，虽然不够完善和具体，但是第一次将阅读评价放入课程标准之中。

1936年《高级中学国文课程标准》与1932年关于"整本书阅读"的要求基本相同，它的创新之处在于增加了"时间支配"的内容，对三个学年（六个学期）的精读、略读指导和习作三项课目进行了时间分配，如第一学年各学期每周五小时，分配的结果是"精读"三小时、"略读指导"一小时、"习作"一小时，如此就从课时上为整本书阅读提供了保障，每周至少一小时的时间能够在课上进行略读指导。

由此可见，在新中国成立前的高中语文课程标准中"整本书阅读"的内容都是比重较大并且清晰明确的，对整本书阅读的书目内容、阅读时间、阅读数量以及阅读方式方法等都有一定的明确规定。

（2）高中阶段整本书阅读思想的逐步失落

1949年我国语文课程标准进入了一个探索发展的时期，叶圣陶受当时华北人民政府教育部的委托，起草了《中学语文科课程标准》："中学语文教材除单篇的文字外，兼采书本的一章一节，高中阶段兼采现代语的整本的书"②。遗憾的是，这里整本书阅读已经不再是主体地位，已经成了单篇文章的辅佐，显然背离了叶圣陶的"把整本书作主体，把单篇文章作辅佐"的思想。但是由于种种原因，该文件并未在当时公布，只在少数人手中传阅过。在此之后，"整本书阅读"的教学就逐渐淡出了高中语文阅读教学，在后来的课程标准中体现得也并非十分清晰和具体。

1956年汉语和文学分科教学，因此不再有统一的语文课程大纲，文学方面有《高级中学文学教学大纲》，要求"学习文学史上的重要作品和外国某些作家作品"③，其中的作品包括整本书，但是并没有重点提及，而是放在了整个的文学史作品中，对于阅读方法也没有重点要求。

---

① 课程教材研究所编. 20 世纪中国中小学课程标准·教学大纲汇编（语文卷）[M]. 北京: 人民教育出版社, 2001: 294.

② 课程教材研究所编. 20 世纪中国中小学课程标准·教学大纲汇编（语文卷）[M]. 北京: 人民教育出版社, 2001: 386.

③ 董菊初. 叶圣陶语文教育思想概论[M]. 北京: 开明出版社, 1998: 204.

20世纪60年代不仅是我国经济政治的调整发展时期，语文课程标准的改革也进入了一个曲折探索的阶段，在 1963 年教育部颁发了《全日制中学语文教学大纲（草案）》，对语文学科的性质、任务、文与道的关系的讨论进行了总结，但是由于此次的改革是针对 1958 年 "大跃进" 的一次拨乱反正，政治思想意味极其浓厚——"选入中学语文课本的文章，要包括各种题材、体裁、风格，要用生动活泼新鲜有力的语言文字，论述阶级斗争、生产斗争和科学实验，表达进步的思想和健康的感情"[1]。该文件对于语文阅读教学内容的选择有着政治上的要求，且都是针对课文的，没有提及 "整本书阅读"，甚至对于具体的阅读教学方式和方法并没有明确说明。

（3）高中阶段整本书阅读思想的非课程化

1978 年我国进入了全面改革开放的新时期，语文教育也结束了混乱的状态，有了统一的秩序和可参照的章程。《全日制十年制学校中学语文教学大纲》强调教学应注意 "加强课外阅读和写作的指导。提高学生的读写能力，只靠课内是远远不够的，还要指导学生进行课外阅读和写作。教材中的阅读课文，要有计划地指导学生学习。从长篇作品中节选的课文，可以指导学生课外阅读全书或部分章节。要给学生推荐有益的读物，提示阅读的方法，引导学生不断扩大阅读范围"[2]；同时也提出了要鼓励学生做作书汇报等，让阅读教学更加高效，更加丰富多彩。这一时期显然是把 "整本书阅读" 教学和课内的阅读教学区别开了，"整本书" 是在扩大学生知识面和阅读范围的目的上作为课外阅读的一部分被涉及的，并没有课堂教学的要求。

1990年的《全日制中学语文教学大纲》在各年级语文基本能力和基础知识教学要求中涉及了整本书阅读的内容，鉴于本书只对高中阶段的 "整本书阅读" 进行探讨，因而摘录的都是对高中的相关要求，如高中一年级要求 "课外经常阅读报纸杂志，读两本以上文学名著"，高中二年级要求 "课外阅读报纸杂志，读两本以上中外文学名著"，高中三年级则要求对

---

[1]　课程教材研究所编. 20 世纪中国中小学课程标准·教学大纲汇编（语文卷）[M]. 北京：人民教育出版社，2001：416.

[2]　课程教材研究所编. 20 世纪中国中小学课程标准·教学大纲汇编（语文卷）[M]. 北京：人民教育出版社，2001：441.

文学作品具有一定的鉴赏和批评的能力。在教学中提出了应注意的问题，其中包括课外活动，肯定了课外活动在教学活动中的重要性。课外阅读指导方面"主要是推荐有益读物，提示阅读方法"[①]，也是将整本书放在了课外阅读的层面。经过了 1997 年"语文教育大讨论"之后，教育部对1996年版的教学大纲（初审稿）进行了修订，发布了《全日制普通高级中学语文教学大纲（试验修订版）》，其中有"课外自读文学名著（10 部以上）、科普书刊和其他读物，不少于 300 万字"[②]。

由此可见，从 20 世纪中后期开始，整本书阅读主要被放在了课外阅读的环节，正式的语文课堂都是以阅读短篇和节选为主。

（4）高中阶段整本书阅读思想重新被重视

在 1949 年之后，几乎从课标中看不到"整本书"的字样了，所谓的整本书阅读都是以课外阅读的形式出现在课程标准或教学大纲中，具体的操作情况无法明确，评价结果也无法量化，因此在中学教学中教师是否引导学生阅读了规定数量的书籍、学生书籍的阅读质量又如何等都不得而知。我们再一次在高中的语文课程标准中看到"整本书"的字眼是在新课程改革之后的 2003 年，教育部颁发了《普通语文课程标准（实验稿）》，其中明确提出："读好书，读整本书，丰富自己的精神世界，提高文化品位。课外自读文学名著（五部以上）及其他读物，总量不少于 150 万字。"[③]课程标准重新提到了"整本书"的概念，尽管依旧没有把阅读整本书放在课堂教学的环节之中，但是也不仅仅局限在课外阅读了。而正式将"整本书阅读"纳入课程内容的是 2017 年版的《普通高中语文课程标准》。2017年版的《普通高中语文课程标准》区别于往年的课程标准，提出了语文课程的组织方式——学习任务群，就是在真实情境下确定相关的人文主题。课程标准设置了18个"学习任务群"，并将其视为高中语文课堂教学的顶层设计，具有完整的结构。其中为首的就是"整本书阅读与研讨"，这一

---

① 课程教材研究所编. 20 世纪中国中小学课程标准·教学大纲汇编（语文卷）[M]. 北京: 人民教育出版社, 2001: 482-484.

② 课程教材研究所编. 20 世纪中国中小学课程标准·教学大纲汇编（语文卷）[M]. 北京: 人民教育出版社, 2001: 538.

③ 中华人民共和国教育部制订. 普通高中语文课程标准（实验）[M]. 北京: 人民教育出版社, 2003. 8-9.

任务群，贯穿了必修、选择性必修和选修三个阶段，第一次正式将整本书阅读放入学习的课程计划，作为学生语文能力培养的一个重要环节。

2. 整本书阅读在不同版本高中语文教材中的呈现方式

为了适应不同地区以及各类学校的需求，我们国家从1986年开始逐渐推行"一纲多本"的政策，自 2004 年以来，获审定通过的高中语文实验教科书共有6个版本，分别是人民教育出版社版、江苏教育出版社版、语文出版社版、山东人民出版社版、广东教育出版社版、北京师范大学出版社版。其中人教版普通高中语文教材继承了我国高中语文教材的优良编写传统以及成功经验，是在全国使用范围最广的一套高中语文教材，而 2017 年版的《普通高中语文课程标准》颁布以后，教育部组织编写的高中语文教材也即将问世，笔者仅以人教版和即将出版的部编版高中语文教材为例，对高中语文教材中关于"整本书阅读"内容作简要阐述。

（1）人教版普通高中语文教材

人教版普通高中语文教材分为修和选修两个系列，其中选修教材是根据学生的兴趣选择性地学习，并未涉及整本书的内容。必修教材一共五册，每册书由四部分组成——"阅读鉴赏""表达交流""梳理探究""名著导读"。"阅读鉴赏"部分包括精读课文和略读课文，同语文读本、"名著导读"形成课内外、校内外、单篇文章到整本书阅读互相回环结合的阅读系列。五册书中的整本书阅读是以"名著导读"的形式呈现，被安排在课下的时间学生自由学习。

"名著导读"设置了三个部分的内容，包括"背景介绍""作品导读"和"思考与探究"。

背景介绍——介绍作者的生平经历、主要作品和获得的艺术成就。这一部分的内容有利于学生知人论世，激发阅读兴趣。

作品导读——是"名著导读"中最重要的内容，有关于作品不同版本的介绍和推荐，有关于该作品的艺术成就和后世评价，有对于作品内容的介绍和梳理，通过这一部分的阅读，学生可以较为概括地掌握名著的基本信息，明确阅读的基本目标和方向。

思考与探究——设置两三个思考题，让学生进行思考和探究，帮助学生加深对作品的理解、对自我的反思，树立正确的价值观念。有些问题是学生在阅读"背景介绍"和"作品导读"之后可以回答的，有些问题需要学生结合自身的经历，互相探讨的。例如《巴黎圣母院》中设置的问题："在你的日常生活中，你一定会被一些人和事感动，你觉得哪些示例可以看成是人道主义的行为？"有些问题是需要学生阅读完整部作品之后才能回答的，例如《家》后面设置的问题："阅读《家》的过程中，哪些场面或者人物描写最令你感动？为什么？"环节简单而不具体，结构虽然简单，但是内容量还是很大的，各个环节需要学生将知识融会贯通。

人教版普通高中语文教材中"名著导读"推荐的书目，体现了以下特点有。

①衔接性

李建芬的《语文教材"名著导读"编写研究——以人教版高中语文（必修）为例》、王琼的《人教版高中语文"名著导读"教学研究》和王静的《人教版高中语文"名著导读"教学策略研究》等文章中都提到了"名著导读"部分作为课外自由学习的版块，推荐的书籍和前面的"阅读鉴赏"部分存在一定的衔接性。"名著导读"推荐的书籍中有与"阅读鉴赏"中的选文是同一作者的，学生可以先学习阅读选文，对作者的相关知识有一定的了解，从而促进整本书的阅读。例如，必修三的课文《林黛玉进贾府》选自"名著导读"里推荐的《红楼梦》的第三回，通过林黛玉的视角对贾府生活环境和主要人物进行细致的描绘。学生学习了这篇课文之后会对贾府有一个整体感受，对其中的主要人物会有一个初步的印象，学生会好奇接下来的情节是怎样发展的，激起阅读兴趣，最后通过阅读全书，对里面的人物会有更深的理解，对人世兴衰的产生思考。

②经典性

"名著导读"，从这个版块的名字就可以看出来，人教版高中语文教材推荐的都是非常经典的文学作品。《论语》是儒家的经典著作，是中国古代士大夫求官问道的必修书，对两千多年的封建统治有着深远影响，北宋政治家赵普曾有"半部《论语》治天下"之言。《巴黎圣母院》作为浪漫主义里程碑式的作品，文学价值和社会影响都是巨大的。《红楼梦》被誉为中国古典四大名著之首、中国封建社会的百科全书，两百年来学界对《红楼梦》展开的研究工作从未间断，甚至形成一种专门的学科——"红学"。莎士比亚的戏剧中独特的人文主义思想和卓越的艺术技巧，早已超出了一个时代和国家的范围。

③均衡性

人教版高中语文教材中"名著导读"的均衡性主要体现在中外作品的均衡、文类的均衡和古今的均衡。五本教材共选入了十部名著，每册教材推荐两本，其中国内作品和国外作品各占一半，共七部小说、一本散文集、一本美学书籍和一部戏剧，书籍类型较为多样化。而这些作品中从春秋战国时期的《论语》、到17至18世纪的《堂吉诃德》《红楼梦》，再到现当代的《谈美》，在不同的历史时期选择了经典的、具有代表性的作品，时间上也具有均衡性。

（2）部编版高中语文教材

2017年版的《普通高中语文课程标准》颁布以后，教育部主编的新教材就进入了紧锣密鼓的筹备当中，原计划在2019年秋季投入全国的高中统一使用，但是由于种种原因，教材投入使用的时间被延迟，目前部编版的高中语文教材虽然还没有正式问世，但是我们可以根据网络流传的教材目录以及新版课程标准进行简要的分析。

2017年版《普通高中语文课程标准》中将整本书阅读作为第一个学习任务群放在了"课程内容"里，因此部编版高中语文教材将贯彻落实课标的要求，在每册语文教材中进行了整本书阅读的书目推荐（以正式发行的部编版高中语文教材为准）。

与其他教材不同的是，部编版的高中语文教材中整本书阅读不仅仅属于课外阅读的部分了，而且是在课堂中实施的阅读教学内容。2017年版课标在附录2中推荐的学生课内外读物既可以作为"整本书阅读与研讨"学习任务群的内容，同时也可以在课下阅读，如：文化经典类的《孟子》《论语》《史记》等；诗歌类的毛泽东诗词，臧克家、戴望舒、郭沫若、贺敬之等人的作品；国外作家如泰戈尔、普希金等的作品；小说类的《三国演义》《平凡的世界》《呐喊》《彷徨》《四世同堂》《红楼梦》《战争与和平》《悲惨世界》《老人与海》等；叶圣陶、鲁迅、朱自清等人的散文；莎士比亚、曹禺、王实甫、关汉卿等人的剧本；语言文学理论类的《歌德谈话录》《谈美书简》《语文常谈》等。

结合上述内容，可以看出部编版普通高中语文教材中的整本书阅读（网传版）和新版课程标准推荐的课内外读物中体现的特点如下。

①强调继承和弘扬中国传统文化

习近平提出了新时代中国特色社会主义思想，强调立德树人，弘扬民族精神，而语文课程对于帮助学生培养民族意识和文化自信，培养爱国精神、树立社会主义核心价值观具有不可替代的优势。因此，新课标推荐的书目包含了大量的中国传统文化经典著作、中国古代小说和剧本等，加强了语文课程与学生的自我成长之间的联系，促进学生从我国传统文化中汲取力量和养分，在继承和弘扬中国传统文化的同时进行自我的人格建构。

②针对性和全面性的统一

部编版高中语文教材中选择的整本书阅读内容中《堂吉诃德》是17世纪欧洲的骑士小说，《红楼梦》是我国清朝的、也是中国古代小说的巅峰之作，《杜甫传》是恢宏细腻的人物传记，《乡土中国》是一部反映中国农村结构的社会学著作。相对于诗歌集和散文集，小说和传记以及社科类文本更加能体现"整本书"的特点，篇幅较长，全文贯通流畅；而且这四部书籍的选择也比较具有代表性，学生通过整本书阅读的学习，可以掌握阅读整本书的一般顺序和主要的阅读方法。新版课标中不仅推荐了国内外的优秀小说、散文、戏剧等，还加入了反映中国革命和社会主义先进文化的作品以及科学和人文方面的读物，扩大了可供学生选择的阅读范围。

（四）高中阶段整本书阅读教学的必要性与可行性

在高中阶段实施整本书阅读教学存在现实的困难，例如语文课时紧张、部分学生的抗拒心理、教师的教学难度大等等。但是，高中阶段作为学生思维发展、情感培养的关键阶段，应该进行大范围的阅读活动。语文教师在很大程度上影响学生的阅读状况，例如阅读的书籍类型、阅读的习惯等。因此，在高中阶段有必要进行整本书阅读教学。在现阶段，在一般地区也能够进行整本书阅读教学，理念的变化、科技的进步使整本书阅读教学成为可能。

1. 高中阶段整本书阅读教学的必要性

笔者在调查研究中发现，大部分语文教师支持学生进行整本书阅读，但是在非教学状态下，学生的整本书阅读效果不佳。在现实情况下，实施整本书阅读教学是十分有必要的。

（1）课程标准的要求

早在1949 年，《中学语文科课程标准草稿》中就提出："中学语文教材除单篇的文字外兼采书本的一章一节，高中阶段兼采现代语的整本的书。"[①]但在当时的社会历史条件下，"读整本的书"的思想在当时并未得到重视，当然也就谈不上在实践中运用。因此，尽管一些语文教育专家对于整本书阅读的重要性有深刻的认识，但是语文单独设科以来，扩大阅读量的任务主要是在课外进行。虽然，课标（大纲）明确要求学生要阅读广泛的课外读物，但是由于重视程度不够，又无人指导，课外阅读常常处于一种放任自流的状态。

针对这些问题，新课改将目光聚焦在了整本书阅读上。2003年4 月教育部制定的《普通高中语文课程标准（实验）》中指出："学会正确、自主地选择阅读材料，读好书，读整本书，丰富自己的精神世界，提高文化品位。课外自读文学名著（五部以上）及其他读物，总量不少于150万字。"[②]2017年的课程标准指出，普通高中的培养目标是进一步提升学生的综合素质，着力发展核心素养，培养学生的终身学习能力和自主发展能力；要求坚定中国特色社会主义文化自信，关注学生个性化、多样化的学习和发展需求，教学活动要促进每个学生主动地、生动活泼地发展。高中语文课程应该为学生终身学习和全面而有个性的发展奠定基础，注重时代性和实践性。在此背景下，"整本书阅读与研讨"成为《普通高中语文课程标准（2017年版）》学习任务群之一，并排在首位，且贯串必修、选择性必修和选修三个阶段。其中详细列出了学习目标与内容以及教学提示，以指导教师教学。"整本书阅读与研讨"学习任务群在整个高中语文课程中处于基础性的地位，学习过程是持续性的，学习成果是深远的。通过阅读一本本完整的书，学生在自主的语言实践活动中培养语言文字运用能

---

① 叶圣陶著, 中国教育科学研究院编. 叶圣陶语文教育论集［M］. 北京:教育科学出版社, 2015: 82.

② 中华人民共和国教育部制订. 普通高中语文课程标准（实验）［M］. 北京: 人民教育出版社, 2003: 4.

力，加深对祖国语言文字的理解与热爱；同时，发展思辨能力，提高审美情趣，涵养文化底蕴。

（2）核心素养的要求

语文核心素养主要包括"语言建构与运用""思维发展与提升""审美鉴赏与创造""文化传承与理解"四个方面。面对核心素养的新要求，整本书阅读的开展以及实施整本书阅读教学责无旁贷。学生阅读的是一本本完整的书，涉及古今中外、自然社科等门类，在篇幅宏大的文本中，可以有效锻炼学生获取、评估、鉴别信息的能力。阅读说理性书籍时，学生可以提炼书中观点，并大胆批判质疑，探究得出新的观点；阅读人文性书籍时，学生可以通过风格迥异的文字感受不同风土人情、体味人生百态、培养独特的审美。借助阅读整本书，培养学生的阅读兴趣，让学生习得一定的阅读方法，利于学生的终身学习，让学会学习变成学生一生的财富。

整本书阅读是提升学生思维品质的较好方式。通过整本书阅读，在想象书中描绘的人物形象中发展学生的形象思维，在理清整本书复杂的人物关系、关联事件中发展学生的逻辑思维，在形成学生个人对书中事件的独特看法中发展学生的创造思维，在与他人讨论书籍内容过程中发展学生的辩证思维。这一系列的思维发展是单篇课文教学难以达成而整本书阅读课堂化能够做到的事情。通过在课内阅读，促进学生深刻性、敏捷性、灵活性、批判性和独创性等思维品质的提升。通过整本书阅读，学生能够逐步掌握祖国语言文字特点及其运用规律，形成学生个体的言语体验，从而发展学生交流沟通的能力。通过整本书阅读，学生能够逐步形成正确的审美意识与积极向上的审美情趣。通过整本书阅读，特别是阅读古典名著，继承和弘扬中华优秀传统文化、革命文化、社会主义先进文化，拓宽文化视野，增强文化自觉，提升文化自信。

（3）学生现状的要求

高中学生现处于阅读数量少、表达能力低的状态。为提高学生的综合素养，必须要求学生多读书、读好书。整本书阅读是有效提高学生各方面能力的方式。与其他阅读方式相比，整本书阅读有其自身的优越性。

在单篇课文教学中，语文教师按照教材编排顺序依次对每篇课文进行或详或略的讲解。一方面，经过一年半的必修教材学习，学生的知识水平普遍得到提高。经过多次反复单篇课文学习模式，在客观上学生的以下几个方面知识会得到巩固提高：第一，字词读音、字形、词意；第二，句子分析、篇章结构。因此，在做"选择字音全部正确的一项""选择含错别字的一项""选择词语使用恰当的一项"等类型的题目时，学生可以轻松面对。因此，单篇课文教学能够提升学生的基础知识能力。另一方面，单篇课文教学注意分析句子表达技巧，因此，学生能够应对"分析某句话在文中的作用"等类型的阅读题。学生在学习应试作文技巧后，可以根据题目要求，在规定时间内快速完成达到合格线以上的符合题意的作文。开篇先声夺人，中间材料丰富，结尾主题升华，再加上课文中学习到的优美语句用法，顺利完成作文任务。作文优秀者少，但是认真写了以后不及格者更少。而学生作文大多中规中矩，究其根源，学生在写作的谋篇布局方面缺乏大格局。芬兰教育的特点是"先见林，再见树"，而现在我国语文教育普遍让学生研究每一棵树的细枝末节，从一号树到二号树再到三号树，以至于终有一天学生不胜其烦，最终也没看见森林的美貌。这是长期采用单篇课文教学的潜在弊端。

整本书阅读教学有利于提升学生的阅读量，能够改变学生阅读量低的现状。据观察，有这样一个现象，学生在新学期拿到各科教科书后，会第一时间连续不断地阅读语文学科课本，因为感到新奇、有趣。但是两天以后，课本阅读完毕，当语文教师开始在课堂上用几个课时对一篇文章进行精到分析时，大部分学生感到兴趣黯然。当这样的模式持续一个学期、一学年时，学生在不断的重复中就会对语文学科产生厌烦心理。在语文课堂上，少部分学生会选择阅读课外书籍，阅读一些能够引起他们兴趣的书籍，大部分学生选择或有或无地听课，学习到的知识完全看当天语文教师发挥的程度或者自己的心情。在学生愿意阅读、但是缺少足够阅读文本的情况下，进行整本书阅读教学，有利于学生的方方面面发展，即使其他方面不一定如人所愿，但是在阅读量方面还是得到实实在在的提升。人教版教材共有65篇作品，包括篇幅较短的唐诗、宋词、诗歌、古文在内，以平均每篇作品2000字计算，全5册书约13万字。《普通高中语文课程标准（2017年版）》中关于高中学生的阅读量提出了这样的要求："必修阶段各类文本的阅读量不低于150万字""选择性必修阶段各类文本的阅读总量不低150万字"①。高中三年，假设学生不进行课外阅读，这样低的阅读量是不能满足学生需要的。例如，当某节语文课的任务是安静阅读时，学生愿意沉浸在作品中，当然"故事"要够长，也就是书籍厚度要合乎期待。一节课不能完成某本书的阅读，恰好又勾起了学生的阅读兴趣，学生自然会在课后阅读。长此以往，学生的阅读量自然不是学习单篇课文所能比拟的了。

叶圣陶先生曾经说过："国文教材似乎该用整本的书，而不该用单篇短章，像以往和现在的办法。退一步说，也该把整本书作主体，把单篇短章作辅佐。"②

整本书阅读教学，有利于提升学生的表达力，能够改变学生表达能力低的现状。只有积淀强大的人文底蕴，才能支撑起学生的表达能力。只有通过大量的阅读积累，才能获得人文底蕴。通过整本书阅读，使学生受到各种文化的熏陶，拓宽视野——先见林，再见树。通过阅读，积累表达素材、表达方式，激发表达欲望。通过阅读，提升学生的口语表达能力及书面表达能力。

整本书阅读教学是读听说写结合的教学。语文学科需要训练的听说读写能力都能在整本书阅读中得到提升，只是替换了顺序。整本书阅读教学起于"读"，却不仅仅止于"读"。整本书阅读，第一件事情自然是让学生阅读。把课堂时间交还给学生，阅读本是语文学科的分内工作。课内阅读本是理所当然的事情，不是语文教师的懈怠，更不是本末倒置。在阅读内容方面，自然应该读名著。《普通高中语文课程标准（2017年版）》在"附件2　关于课内外读物的建议"中列举了一些篇目，分为文化经典著作、诗歌、小说、散文、剧本及语言文学理论著作类。教师可推荐学生在课内阅读，先阅读原著，再阅读评论。读听说写，阅读是基础。语文课堂上应该设置教学环节让学生讲述阅读所得所感所悟，用语言表达出来，这样既培养了学生的口语能力，又同时培养了其他学生倾听的能力。在口语表达过程中，既培养了学生语言运用能力，又培养了学生的逻辑思维能

① 中华人民共和国教育部制定. 普通高中语文课程标准（2017年版）[M]. 北京:人民教育出版社，2017:34.

② 叶圣陶. 叶圣陶集（第16卷）[M]. 南京:江苏教育出版社，2004:58.

力。百闻不如一练，一个学生能把阅读所得流畅地表达出来，那么学生心中必定有一定的收获。学生经历了阅读原著、阅读评论、个人表达、相互讨论、意见摘录等环节后，已经粗略形成了个人观点，此时应该用文字将它表达出来。在如此长时间、多文本的阅读积累下，写自己所感，应该是所感良多，不知从何说起，而不是平常的言之无物。此时，学生只需选定一个中心，将其形成文字，就是一篇优秀的文章。整本书阅读收效慢，但是后劲足，厚积薄发。语文课堂或许等不到学生内在积累的喷薄而出，但是语文能够影响学生的一生，为学生的全面发展负责。

综上所述，在高中阶段实行整本书阅读教学既是课程标准的要求，也是核心素养及学生现状的要求。

2. 高中阶段整本书阅读教学的可行性

在高中阶段实施整本书阅读教学有利于学生的语言积累和语言表达，有利于发展学生的思维品质，增强思维的敏捷性、深刻性，有利于增强学生的美感体验，感受不同文字的情感之美。实施整本书阅读教学是有必要的，并且在现实中是可行的。笔者试图通过分析以下几点因素说明在现条件下实行整本书阅读教学的可行性。

（1）社会阅读氛围浓厚

目前，社会上形成了浓厚的阅读氛围，广大人民群众喜欢阅读、能够阅读、推广阅读。在世界范围内，"人人读书"可追溯到1972年，联合国教科文组织向全世界发出了"走向阅读社会"的号召，要求社会成员人人读书，让读书成为人们日常生活中不可或缺的部分。1995年，联合国教科文组织宣布4月23日是"世界读书日"。与此同时，这一天也是西班牙著名作家塞万提斯和英国著名作家莎士比亚的逝世纪念日。在国内，2006年4月，中央宣传部、中央文明办、新闻出版总署等部门联合发出"开展全民阅读活动"的倡议书，在此之后，全民阅读活动在全国范围内悄然开展起来，取得了明显的效果。2016年，我国首个国家级"全民阅读"规划——《全民阅读"十三五"时期发展规划》正式发布，此后全民阅读工作走向常态化与规范化。

各地城市图书馆经常举办阅读活动促进市民阅读。2019年1月1日，广州图书馆公布了《悦读童行——广州图书馆儿童与青少年阅读攀登计划

3.0》，其中包含"整本书阅读"挑战赛。2019年3月9日，上海图书馆开展新书分享会活动。2019年3月29日，杭州图书馆开展"一期一会一本书"活动——《陆羽茶经经典本》分享会。各地图书馆藏书量丰富，并且图书馆内阅读环境舒适，24小时的自助借还系统得到不断的完善与推广，异地市民借书逐渐便利，例如全国公民都可凭借身份证在广州图书馆借阅图书。

不仅城市图书馆在推进全民阅读，各地政府也在致力于建设书香城市。"书香"代表城市的朝气，一个有魅力的城市，应该是散发着书香气息的城市；一个有底蕴的社会，应该是全民阅读型社会。在城市各地，可以看见提倡阅读的标语，在城市各地，可以看见实体书店。在电子阅读盛行的现代社会，实体书店的生存进入了困境，人民群众在实体书店浏览书籍，继而在网上购买。实体书店逐渐发挥的是展示、查询功能。在国外的实体书店有这样一则标语："Find it here.Buy it here.Keep us here .（在这里找到它，在这里买了它，让我们在这里生存）"①最是书香能致远，书店是城市的灵魂。2018年7月17日，北京市针对实体书店的困境发布了《北京市关于支持实体书店发展的实施意见》，打造一区一书城、重点街区文化地标、十五分钟阅读服务体系。各地也相继出台政策支持实体书店的发展。

近几年，文化类影视节目盛行，对整个社会的阅读氛围产生积极影响。2018年腾讯视频公司推出了《一本好书》场景式读书节目，利用舞台戏剧、片段朗读、图文插播等形式，向观众呈现书中的故事冲突、人物性格、背景故事等。《一本好书》以这样的形式向社会人介绍《万历十五年》《月亮与六便士》《人类简史》等具有思想性的书籍。除了《一本好书》以外，荧幕上还盛行其他文化节目，例如《朗读者》《少年国学派》等。

在这样的社会背景下，整个社会阅读气息愈加浓厚。人民群众逐渐走近书籍、阅读书籍，书香社会正在慢慢形成。高中学生生活在社会中，受其熏陶，因此，整本书阅读走进课堂成为可能。

（2）家庭阅读因素支持

家庭是影响学生的重要因素。家长就像是原件，孩子就像是影印件。家长对学生的阅读观念、阅读习惯等的形成有一定影响力。随着社会的进

---

① 一区一书城：让书香成为城市底蕴 https://baijiahao.baidu.com/s?id=1606293586048459461.

步，家庭的各方面因素也在变化，为孩子阅读提供可能。

首先，家庭藏书量逐渐增加。随着社会的进步，家庭的物质生活水平逐渐提高。书籍作为文化类精神产品，属于非生活必需品。目前，书籍购买成为了家庭藏书的主要来源。书籍可供反复阅读，家庭其他成员的书籍为高中生阅读书籍提供了原材料。整本书阅读教学提倡广泛阅读，粗读各类型书籍，精读部分书籍。其次，家庭阅读环境成熟。为满足高中学生的学习需要，家庭中常备有书桌等工具，且有安静的阅读氛围。第三，家庭成员阅读行为显现。在全民阅读时代、在学习型社会中，社会成员阅读行为次数明显增加、频率明显增加。在家庭中，阅读不仅仅是青少年人群的个人行为，同时也是父母辈、甚至更长一辈人群的行为。阅读成为家庭的常态活动、显性活动。父母发挥好榜样作用，青少年在家庭中更容易走近阅读。最后，家庭成员对阅读行为的思想转变。家庭其他成员由于受自身文化水平或者工作生活的影响，自身无法作为阅读榜样，但是在思想上认同阅读的作用，认同青少年多读书、读好书的理念。

（3）学校教学方面完善

整本书阅读教学发生在学校中，学校需要对每一位学生的终身发展负责任，因此，需要考虑各个学科在高中阶段的时间分配。高中学生在高考压力下，时间宝贵，无法在课余时间兼顾非高考内容。在这样的背景下，整本书阅读教学必须发生在语文课堂时间内。

学校多配有现代化的图书馆，内有适合高中学生阅读的大量藏书，配合高中学生阅读。多数学校致力于建设书香校园，校园内阅读气息浓厚，定期开展阅读活动，设置阅读课程，为学生阅读提供保障。学校方面的支持使得整本书阅读教学成为可能。

（4）教师教学能力提高

作为师范生，所在师范院校拥有越来越完善的培养方案。汉语言文学专业是基础专业，院系从师范生入学起有计划地培养学生的阅读能力、理解能力、写作能力等。中文师范生在读期间接受学校全方位的教育，为成为一名合格语文教师做好准备。

成为语文教师后，所在学校有专业教师的提升方案。首先，语文教师有一定程度的阅读积累，并且阅读书目随着教学时间的增长而增长。语文教师间的交流，包括阅读书目、阅读感受、阅读教学经验等，为提高语文教师教学能力作准备。其次，语文教师参与教研工作提高了整本书阅读教学能力。各地在开学之初组织教师学习新的教学理念、教学方法，并确定课题研究方向，语文教师在提高科研能力的同时也促进了自我的教学能力。最后，整本书阅读教学的课例为语文教师的教学提供了参考。近年来，各地语文教师开始尝试在课堂上进行整本书阅读教学，语文教师在教学中实现自我成长。作为语文老师，由于学科的重要性和复杂性，除了具备基本的教师品德和素养之外，更需要具备较为丰厚的专业知识储备和熟练扎实的教学技能，因为"只有专业知识也是不够的，具备专业态度和拥有专业知识的教师仍有可能只是一个专业级别的教书匠"①。因此，面对整本书阅读这一教学变革，语文教师不仅需要更新转变教学理念，还需要具备较为宽厚的整本书阅读知识。语文教师不断提高的教学能力为整本书阅读教学提供了可能。

（5）学生阅读能力提升

学生是课堂的主体，也是阅读的主体。整本书阅读教学成功与否的关键在于学生。高中学生经历了小学及初中阶段的成长，在一定数量的阅读积累下，具备了基本的阅读能力。高中学生具有语言理解能力，能够在长篇文字中理解作者的表达，理解作品的意蕴，能够在阅读后梳理文字间的信息，整合阅读理解后的语言材料。高中学生具有形象思维能力，能够在整本书阅读后获得文学形象的直观体验。与此同时，高中学生还具有基本的逻辑思维能力，能够归纳、整合、分析、比较阅读到的大量文字信息，能够审视语言文字作品。另外，高中学生还具有文字鉴赏能力，能够感受文字间的语言魅力、情感魅力，能够欣赏不同朝代、不同风格、不同国别的作品。高中学生所具有的语言理解能力、形象思维能力、逻辑思维能力、文字鉴赏能力等，使得语文教师在课堂中进行整本书阅读教学成为可能。

① 于漪. 我和语文教学［M］. 北京:人民教育出版社, 2008: 8.

（五）整本书阅读的价值分析

阅读学研究者曾祥芹曾说："阅读是披文得意的心智技能，是缘文会友的社交行为，是书面文化的精神消费，是人类素质的生产过程。"[①]学生通过阅读不仅仅能获得信息资源，还能锻炼思考能力和铸造人格。随着语文教育的发展，整本书阅读从"课外"走向"课内课外"相结合，其价值逐渐得到彰显。

1. 课程价值

提倡整本书阅读是实现语文课程改革的重要契机，对落实语文课程目标，优化语文课程结构具有不可替代的作用。其课程价值主要包括完善高中语文的课程结构、发展学生的语文核心素养、提供完整的文化场域。

（1）完善高中语文的课程结构

课程结构是课程各个组成部分间的组织和配合，规定了组成课程体系的学科门类和学科内容的比例关系、课程类型的组合等。课程结构是课程体系的骨架，体现了课程理念和课程设置的价值取向。2017 年版高中语文课标中的课程结构对 2003 年版课程标准中"必修课程+选修课程"的课程结构进行了优化和拓展，由必修课程、选择性必修课程和选修课程组成。必修课程是为使学生实现全面发展而设置的全修全考课程，选择性必修课程是实现学生的个性化发展和满足学生升学考试需要而设置的选修选考课程，选修课程是学校根据自身的办学特色设置的、供学生选择学习的、学而不考或学而备考的课程。基于语文核心素养的高中语文课程结构的优化和拓展符合了我国高中语文教育现状，顺应了世界母语教育课程设计的总趋势。

高中语文的学习实践活动包括"阅读与鉴赏、表达与交流、梳理与探究"，人教版教科书采用单元结构，"阅读与鉴赏"主要是单篇选文的学习，"表达与教学"主要包括写作和口语交际，"梳理与探究"主要是对名著作品的探究，在表现形式上具有割裂三种学习实践活动的嫌疑，单元中涉及的阅读、写作、表达、交流等课程内容比较分散，学生难以形成整体意

---

① 曾祥芹. 阅读学新论 [M]. 北京:语文出版社, 1999:48.

识。整本书阅读将阅读活动、写作活动与口语交际活动整合在一起，加强了三者之间的联系，推动了语文课程内容结构的融合。整本书阅读不仅解决了教科书内部衔接不紧密的问题，还增强了必修课程、选择性必修课程以及选修课程之间的联系。整本书阅读的文章体量大、内容丰富的特点决定它不可能只由必修课程完成，还需要借助选择性必修课程以及选修课程来实现。此外，整本书阅读在开展学科综合学习方面具有天然的优势。整本书阅读中不仅有语文学科的知识内容，还融合了其他学科的内容，如《史记》，不仅是一部文学著作还是一部历史著作，蕴藏着丰富的文史哲知识。总的来说，整本书阅读有效地推动了语文课程内部结构的融合。

（2）培育学生的语文核心素养

新课标提出语文学科核心素养包括"语言建构与运用、思维发展与提升、审美鉴赏与创造和文化传承与理解"[①]，这四个方面都在真实的语文实践活动中发生。语文核心素养关注学生在语言、思维、审美和文化四个方面的整体发展，现有的单篇选文教学远远不能满足学生核心素养形成与发展的需要，整本书阅读集长期性、整体性、多样性与综合性于一身，是学生发展语言能力、思维能力，培养审美情趣、审美品质和传承文化的有效途径。整本书阅读强调读起来、读进去和读出来，意味着学生在阅读整本书时要专心致志、持之以恒和积极思考。长此以往，整本书阅读将有利于增强学生的阅读意识，帮助其获得阅读方法，促进其养成阅读习惯，提高其阅读能力。通过对整本书语言风格的学习，并结合学生的实际情况，模仿书中的语言特点进行写作，能促进学生语言建构与运用能力的提高；通过分析整本书的逻辑结构和写作思路，有助于拓宽学生思维的广度，不断提高他们的思维品质；通过对书中语言文字、写作特色等的鉴赏，帮助学生在完整的语境下提高审美能力；通过对书中语言文字所蕴含文化的理解和内化，实现优秀传统文化的传承和弘扬。

（3）提供完整的阅读文化场域

相对于单篇选文，整本书阅读提供了完整的阅读场域和文化场域，使学生能够在完整的阅读场域中立体、全面地理解作品，在完整的文化环境

---

① 中华人民共和国教育部制定. 普通高中语文课程标准（2017年版）[M]. 北京: 人民教育出版社, 2018: 28.

中了解文化知识和文化生活，探索个性化的阅读方法。完整的阅读场域是指整本书内容相互联系，结构较为完整，场域较为封闭，学生通过阅读能完整把握。现行的语文教材中有较多的节选文，如《林教头风雪山神庙》《林黛玉进贾府》《香菱学诗》《老人与海》等，这些分别是《水浒传》《红楼梦》《老人与海》中节选出的情节。学生在学习时，通过这些节选文只是看到所描述人物的横截面，不能立体、多方面地理解，以至于不能更好地赏析和评价。如阅读单篇的《香菱学诗》，学生只能看到香菱学诗的过程，但对于香菱这个人物的具体性格特征、她为何要学诗、作者为什么不写其他人学诗等关键、深层的问题无法了解。学生通过阅读原著，这些问题便迎刃而解，而这些都是单篇选文所欠缺的。

完整的文化场域包括较为完整的文化环境、文化知识以及文化生活等，使学生能较为全面地把握书中蕴含的文化内涵，从而促进学生对文化的理解。整本书阅读均拥有自身特定的文化场域，尤其是文学类书籍。文学类书籍没有文化场域犹如一副没有血肉的躯干，书中人物形象干瘪、不鲜活。整本书阅读中完整的文化场域使学生在阅读过程中能够感受饱满的人物、立体的生活场景，感受书中独有的文化内涵以及书中反映出的当时的社会文化生活。语言文字不仅能表情达意，还具有存储功能，大部分优秀文化通过语言文字得以被后代知晓和传承。古代、近代和现代的优秀作品数不胜数，这些作品涉及治学、立身、文化等方方面面，它们是祖国历史长河中的瑰宝。学生研读作品，将自己置身其中，感受祖国文化的魅力。学生阅读"四书五经"以了解儒家文化，领略先秦诸子的精神风貌；阅读《红楼梦》，走进大观园，了解贾府的兴衰之路，了解封建社会的等级尊卑、礼仪礼教；剖析书中的环境以及人物生活，了解封建社会中的生活文化和交际文化等。习近平强调"四个自信"，其中一个为"文化自信"。文化自信是建立在对已有文化的理解和吸收之上的，对已有文化的理解与吸收是建立在阅读大量书籍的基础之上的。通过阅读书籍可以理解文化内涵，感受中华文化的独特魅力，增强文化自豪感。

2. 教学价值

整本书阅读的价值还体现在语文教学中。整本书阅读增强了"阅读与鉴赏""表达与交流""梳理和探究"的内部联系，实现了听、说、读、写的有效整合。其教学价值主要包括丰富阅读教学内容、培养学生阅读习惯、提高学生阅读能力、丰富学生思想情怀。

（1）丰富语文阅读教学内容

阅读教学是语文教育的重要组成部分，是培养学生基本素养和文学素养的重要手段。丰富多样的阅读教学内容有助于拓展学生的阅读面和增加学生阅读的深度，实现深度学习。自清末语文独立设科以来，阅读教学皆以单篇短文为教学内容，较少涉及整本书阅读，整本书阅读存在于课外。单篇短文的阅读教学内容主要包括文章的内容主旨、思想感情和语言表达技巧，或多或少地涉及写作背景、作者情况的介绍和相关资料的补充。单篇短文阅读教学难以从横向或纵向关联和拓展到其他学习资源，教学内容较为单薄。整本书阅读的教学内容不仅包括单篇选文的教学内容，还对单篇选文内容进行了拓展和延伸。整本书内容的逻辑性、语言形式和表达技巧的多样性实现阅读教学内容的横向拓展；整本书内涵的深刻性、可研究性，使其教学围绕主题，展开专题式学习，实现阅读教学内容的纵向延伸。此外，整本书还涉及编辑学、图书学、出版学等方面的内容，如书的索引、序目等，教师可以在阅读教学中有所涉及，实现阅读教学内容多样化。

（2）培养学生阅读习惯

阅读教学的目的之一是帮助学生养成爱读书的良好习惯。学生时代正是习惯的养成期。良好的阅读习惯一经养成，是不会被轻易改变的。课堂上所接受的知识会被遗忘，或者随着时代的发展，知识更新换代，会过时，会被重新整合。但习惯不会，习惯会在一个阅读者不断阅读的过程中磨合得更加适合自己，从而使阅读更加高效，在不断阅读的过程中，阅读习惯将更加稳定。整本书阅读是有计划地对学生的训练，学生在阅读中能检验自身旧有的阅读习惯与阅读方法，在此基础上，收获新的阅读体验，积累新的阅读经验，提高自身阅读的综合能力，包括恰当地、有针对性地选择阅读书目，科学地制订阅读计划，以及阅读过程中的手脑并用。

①恰当选择阅读书目的习惯

高中生在阅读中更注重作品本身的内涵与深度，优秀作品将给学生更丰富更深刻的阅读体验。学生懂得如何选择适合的阅读书目，可以避免毫无选择性地盲目阅读，会起到事半功倍的效果。例如，高中长篇小说整本书阅读书目是从课标规定的必读书目中选取的，课标推荐给学生的阅读书目为学生择书指明了方向。学生在一次次的阅读体验中会逐渐从以下几个方面入手：选择同一个作者的不同作品，选择不同作者的同类型作品，选择与作品社会背景相同的不同题材的优秀作品，选择课内节选文的原著，选择符合本年龄阶段的优秀作品。

②科学制订阅读计划的习惯

阅读计划的制订有助于学生整个阅读过程按部就班地进行，尤其对于长篇作品，阅读计划的优势更为突显。整本书阅读能让学生深刻地体会到科学制订阅读计划的重要性，它是整个阅读过程的宏观指导，保证了整个过程的顺利进行和高效率，学生能从中体会到一段时间内有计划、有深度地阅读整本书的乐趣。教师在示范性地展示阅读计划的同时指导学生对课外阅读制订阅读计划，逐步培养学生的习惯，这对学生今后的阅读有着深远的影响。

③既动手又动脑的阅读习惯

整本书阅读很好地让学生意识到阅读时必须要投入且勤快，手脑并用。动手表现在阅读的过程中，面对纷繁复杂的内容，及时做批注，同时养成写读书笔记的良好阅读习惯。对于分章节的长篇小说，学生可以读完一章后简明扼要地概括故事情节。整本书阅读完成以后，结合自身，写读后感悟。"逻辑、语言（文字）和思想这三个部分是结合在一起的。"[①]动脑表现在学生在处理整本书阅读中的问题时活跃了思维，同时包含对自我的提问。"自我提问可以鼓励读者：确定学习的目的；辨认并突出材料中的重要部分；提出问题，这些问题需要理解了课文，才能给予正确的回答；考虑对问题的可能的回答。这种提问的策略能够导致学生积极地监控自己的学习活动，并且能够使他们采取具有一定策略的行动。"[②]手脑并用对学生今后的阅读有很好的帮助。

（3）提升学生阅读能力

"语文课程是一门学习语言文字运用的综合性、实践性课程。"[③]阅

---

① 褚树荣、黄会兴. 开卷有益：整本书阅读与研讨 [M]. 上海：上海教育出版社，2018：28.

② 张必隐. 阅读心理学 [M]. 北京：北京师范大学出版社，1992：339.

③ 中华人民共和国教育部制定. 普通高中语文课程标准（2017年版）[M]. 北京：人民教育出版社，2018：1.

读在语言文字运用的过程中起着至关重要的作用。阅读是循序渐进的，阅读能力也是逐步提升的。"整本书阅读更符合自然阅读状态，阅读活动中涉及的能力要素多，各个能力要素同时发挥作用，使得整本书阅读成为发展综合能力的良好载体。"[①]高中语文整本书阅读教学，着眼点之一在于进一步巩固和提升学生的阅读能力及阅读水平，以达到叶圣陶先生所说的"教师辅导学生认真诵习课本，其意乃在使学生渐进于善读，终于能不待教师之辅导而自臻通篇明晓"的效果。读整本的书"就学生方面说，在某一时期专读一本书，心志可以专一，讨究可以彻底。在中学阶段内虽然只能读有限的几本书，但是那几本书是真正专心去读的，这就养成了读书的能力；凭这能力，就可以随时随地地读其他的书以及单篇短章。"[②]

①提升学生阅读的意志力

整本书阅读前后时间长，学生在阅读过程中会遇到很多的困难，如人物关系错综复杂，故事情节纵横交错等，这对惯于阅读单篇短章，没有接受过系统的长篇阅读训练的学生来说是一次意志力的挑战。整本书阅读教学中教师给予学生积极的鼓励与暗示，某种程度上消除学生可能存在的对阅读长篇作品的恐惧心理，引导学生集中注意力，专注而投入地去阅读，将培养学生执着、坚毅的阅读耐力。这对学生今后的自主阅读有很重要的意义。

②提升学生分析与整合的能力

以长篇小说为例。长篇小说篇幅长，内容多，随着情节的展开，书中的信息将源源不断地进入学生的大脑，此时需要学生在阅读过程中对作品的篇章结构以及写作逻辑有清晰的认识和理解，有意识地去思考整本书的前因后果以及情节的转折，并在分析的基础上提炼内容的关键要点。同时对这些信息进行归纳整合，把握作品中浅层次的、深层次的、外显的、内隐的关联，从而读懂这本书，并能有所收获。学生在高中阶段用一个集中的时间去认真阅读一部长篇小说，无疑是对其分析与整合能力的一次很好的锻炼。

③提升学生阅读鉴赏能力

优秀的作品本身蕴含着丰富而厚重的文学文化韵味，整本书阅读的过

① 吴欣歆. 语文课程视野下的整本书阅读 [J]. 课程·教材·教法, 2017 (05)：23.
② 叶圣陶著, 中国教育科学研究院编. 叶圣陶语文教育论集 [M]. 北京：教育科学出版社, 2015：60.

程在某种意义上就是对作品中美的感受与赏析。阅读鉴赏是建立在对作品内容有全面准确的理解分析的基础上的，包括对作品的语言、写作技巧以及主旨等的领悟与把握，从而体会作者的匠心、魅力以及认识到作品的价值。阅读鉴赏能力是逐步发展的，同时学生主体对阅读材料往往有自身独特的感知与体会。整本书阅读为学生提供了检验和提升自身阅读鉴赏能力的平台，巩固这一终身受用的基本功，不断阅读，不断提升。

（4）丰富学生精神世界

弗洛伊德认为，人的无意识精神行为对人的一生有着十分重要的支配作用，它虽然不被人所察觉，但却一刻不停地活动着，并总是力求在意识行为中得到表现，从而支配和影响着人的一切活动。阅读中包含着这样一种无意识的精神行为，它无形中促进了学生思想素养与文化素养的提升，也无形地影响着个体的思维与行动。苏霍姆林斯基认为："真正的阅读能够吸引学生的理智和心灵，激起他对世界和理性的深思，迫使他认识自己和思考自己的未来。没有这样的阅读，一个人会受到精神空虚的威胁。"[①]学生在整本书阅读的过程中，能够从有价值的内容中拓宽眼界、丰富身心，一方面对自我价值有更准确的把握，另一方面对人生有更深刻的认识，对世界有更全面的了解，从中领悟生活智慧和处世哲学，有助于学生更好更健康地成长。

①发现自我，发展自我

学生在与学校、家庭、社会这些大环境相处时，会潜移默化地受到影响。学生成长的过程，是对自我发现与探寻的过程。阅读使学生在不断地发现自我、认识自我、提升自我、发展自我，阅读是本我与自我的相遇。卡乐说过，大部分人能够在通过对文学作品的阅读、学习，很自然地慢慢成长，生成所需要的那些经验和能力。个体在阅读的过程中，能够从作品中人物的身上发现自己的影子，从而反思以对自我有新的认识。美国著名批评家乔纳森·卡勒在《文学理论入门》中指出："故事教我们认识世界，向我们展示世界是如何运转的，通过不同的聚焦方法，让我们从别的角度观察事情，并且了解他人的动机，而我们通常是很难看清这些的，小

---

① ［苏联］苏霍姆林斯基. 给教师的建议［M］. 杜殿坤编译. 北京：教育科学出版社，2016：389.

说提供充分了解他人的可能性，弥补了我们在'真实'生活中对他人的无知。"在整本书阅读的过程中了解他人，反观自我，作为一个理智的"旁观者"，通过对他人性格和人生历程的剖析，能更理智地规划个体发展，从而引导自身做更好的自己。

②传承优秀文化，汲取生存智慧

优秀的文学作品，往往是作者通过艺术化的手法集中反映了某一特定时代的社会发展状况和民族文化的发展程度。相比于历史书的客观介绍，文学作品更为生动具体，且表现力强，学生能够从故事情节和人物身上对特定时代的社会风貌有更清晰的认识，同时更加全面而深刻地理解一个民族的优秀文化，感受文化熏陶，拓展自身思想深度，深化自身文化品质，这是无形之中对民族优秀文化的传承。

阅读也是获得生存智慧的捷径。优秀的作品中蕴含着前人的经验与智慧，它能在潜移默化之中更新学生认识事物的角度，影响学生的为人处世，帮助学生少走弯路，对学生良好人格的养成也有积极作用。同时优秀作品的巨大魅力将引导学生拥有终身学习的意愿和能力，以探索更为深刻的精神世界，亦能在不断阅读的过程中源源不断地汲取能量，帮助自我更好地在社会中生存与成长。

二、高中阶段整本书阅读教学的理论基础

（一）语文课程论

整本书阅读是大篇幅、大格局的完整的一本书的阅读，有别于单篇短章的阅读，有别于非连续性文本的阅读。学生通过文字与作家发生心灵的碰撞，进行深度的交流。语文课程论中关于整本书阅读早有提及，并随着时代的发展和语文学科的流变逐渐明晰，直至在课程标准中做出了明确规定。

对于语文学科来说，《普通高中语文课程标准》是语文教学的依据和纲要，规定了语文学科教学的总目标，点明了语文课程的性质和基本理念，指明了语文课程的结构和内容，提供了学业质量的评定标准和教师进行教学的实施建议。对整本书阅读最具有指导意义的是高中新课标中课程结构和课程内容的变化。课程结构由原来的必修和选修变为必修、选择性必修和选修三种课程类型，课程内容设置为十八个学习任务群，第一个是"整本书阅读与研讨"，贯穿于三个课程类型，明确了整本书阅读的地位与重要性。同时关联整本书阅读的还有"中国传统文化经典研习""中国现当代作家作品研习""外国作家作品研习"等学习任务群的学习。

《普通高中语文课程标准（2017版）》（以下简称《课标》）指出："整本书阅读这一学习任务群旨在"引导学生通过阅读整本书，拓展阅读视野，构建阅读整本书的经验，形成适合自己的读书方法，提升阅读鉴赏能力，养成良好的阅读习惯，促进学生对中华传统文化的深入学习和思考，形成正确的世界观、人生观和价值观。"[①]这是整本书阅读的目的与要旨。

[①] 中华人民共和国教育部制定. 普通高中语文课程标准（2017年版）[M]. 北京: 人民教育出版社, 2017: 11.

课标中对整本书阅读的目标与内容做了提示："把握作家作品的精神内涵和艺术价值,审美追求和文化价值","重视对作品相关背景的深入了解"。整本书阅读主要在于"整"字,阅读一部长篇小说时,"整体把握其思想内容和艺术特点""梳理小说整体的艺术架构"。具体内容为"理清人物关系,感受,欣赏人物形象,探究人物的精神世界,体会小说的主旨,研究小说的艺术价值"[①]。

针对教学策略,课标建议主要利用课外时间学生自主阅读,撰写读书笔记,撰写评论和小论文,开展读书报告会等使学生学会独立思考。课堂时间为十八个课时,可安排在两个学期,宜集中使用,让学生认真阅读一本书,随时做好阅读笔记,记录下阅读的思考与探索的心路历程。语文课程标准从课内课外两方面提出了较为具体的教学策略,为整本书阅读教学在课堂上的落实指明了前进方向。

课示明确了整本书阅读的地位与重要性,给出了学生阅读整本书的最终旨要,注明整本书阅读的目标和内容,并予以教师进行整本书阅读教学策略的提示,使整本书阅读的开展有了明确的理论基础和前进的方向。

(二)系统论思想

整本书阅读最大的特点体现在"整"字上,"整"与"散"相对,意味着整体。整本书相对于内容含量小的单篇文章和从作品中截取的节选文而言,有着更丰富的阅读信息和阅读价值。整本书是一部完整的文学作品,文艺理论家艾布姆拉斯认为一部作品关涉到作家、作品、世界与读者,不仅仅涉及篇章的情节、环境、人物等,更涵盖了广阔的社会内容,与作家自身的关系,不同读者对作品有不同看法。根据系统论的观点,整本书阅读应从整体出发,注重处理好整体与局部的关系,从而更有效地进行整本书的阅读和学习。

系统论最早是由奥地利生物学家贝塔朗菲创立的一种运用逻辑和数学等学科的方法考察一般系统的理论,是一门关于"整体"的科学。[②]系

---

① 中华人民共和国教育部制定. 普通高中语文课程标准(2017年版)[M]. 北京: 人民教育出版社, 2017: 11.

② 魏宏森著、姜吉维绘. 系统论[M]. 郑州: 河南美术出版社, 1991: 1.

统，首先在于"系"，就是组成系统的各要素之间的联系；其次，在于"统"，要素之间相互联系成为一个有机整体。[①]系统是具有特定功能的、相互间具有有机联系的许多要素所构成的一个整体。[②]综上可以总结系统的定义：系统是由若干具有特定功能的要素按一定方式结合而成的不可分割的整体。系统具有整体性原则、结构性原则、层级性原则、动态性原则。系统论要求从整体出发，通过要素的相互作用、相互制约，形成了全新的效应，有新质的产生。

系统论思想为整本书阅读教学提供了理论依据和方法指导。综合上述观点，整本书阅读应该注重整体性，同时以系统的结构性、层级性和动态性原则为指导依据进行阅读教学。整本书阅读是一个整体，包括了作品故事情节、框架脉络、人物形象、主题思想、语言特点、时代背景、作家风格、艺术特色等各个要素。每一个要素都是整本书阅读不可或缺的部分，都有构成这一文学作品存在的独特意义。从整体出发，不再单独地抓取某一章某一节来进行语言的赏析、人物性格的概括、情节结构的梳理，割裂时代背景和当时的文化价值，忽视作家独特的生命情感体验。因此在整本书阅读的教学当中，应该从整体出发，引导学生综合各个要素，全面地认识作品，认识作家，多方面地建构作品的内容和思想。

系统的结构指的是系统内部要素之间联系的范式和秩序，即各要素的组织形式，是从内部反应系统的整体性的，系统通过结构对要素起作用。[③]体现在整本书阅读中则是每一个写作要素的组合方式，如小说作品中，人物形象的塑造方式、情节的处理、语言的运用、主题的隐现、作者思想情感的倾向、作家风格、艺术价值和时代文化价值等，都是通过一定的表现形式而表达出来的。在整本书阅读教学中应遵循这一原则，指导学生学习文学作品的写作范式。

系统的层级是由于构成系统的各要素在组合方式上有差别，使系统在地位与作用、结构与功能上表现出等级秩序性。[④]系统可以划分为不同的层

---

① 魏宏森著、姜吉维绘. 系统论[M]. 郑州: 河南美术出版社, 1991: 20.
② 霍绍周. 系统论[M]. 北京: 科学技术文献出版社, 1988: 24.
③ 霍绍周. 系统论[M]. 北京: 科学技术文献出版社, 1988: 36.
④ 霍绍周. 系统论[M]. 北京: 科学技术文献出版社, 1988: 39.

次，多个层面，系统是一个多层次的有机整体。每一部文学作品中的各个要素的组合方式和地位是不同的，有些作品以情节为重，有些作品则淡化情节，以意识流为主，运用描绘内心世界来刻画人物。依据系统论的层次性原则，便需要教师在指导学生阅读整本书时有所侧重，所有衡量，有秩序地进行教学。

系统的动态性指的是相对系统的功能而言的。系统的整体与各要素不是一成不变的，而是处在发展变化之中。在整本书阅读中体现为读者与作品的关系，每个读者由于生活经验和知识结构的不同，看待事物与现象的观点不同，这就导致了学生体验的个性化以及对作品解读的多元化。同时还体现在文学作品这一个整体由于时代的发展变化，社会心理和社会文化的差别，对作品有不一样的解读，这于整本书这一系统的功能来说是动态的。由于动态性原则，也就产生了读者的开放性阅读。因此，在阅读整本书的过程当中，教师应该尊重学生的个性化解读，提出多角度可供选择的问题，带领学生一起探讨书籍，引领学生领会不同时代对作品的不同观点。这对提升学生的思维能力是大有裨益的。

系统论思想是进行整本书阅读教学的理论支撑，是整本书阅读合理而有效教学的方法指导。根据系统论的思想，整本书阅读从整体性出发，关注文学作品的结构、层级和动态性。从作品入手，同时兼顾作家、世界和读者，结合时代背景，作家生平经历，总结作品内容、艺术价值、思想价值和时代意义，给予每一个学生独特的阅读体验。

（三）文化批评理论

无论是单篇阅读教学、群文阅读教学、主题阅读教学，或是目前最热的"整本书阅读"教学，一线教师对阅读教学仍多限于字词句段等语言层面、人物形象、作品主旨、写作技巧等表层的设计，师生的阅读视野被平常的思维给局限了，仿佛被关在一个小黑屋中，来来回回只会分析那些浮在表层的知识。师生在进行整本书的阅读时，应该把视野放宽广些，客观地面对作品，面对作品中的世界，与作者进行心灵深处的对话。把视野放宽至文化批评领域，则会对文学作品有焕然一新的认知，不再受限于常规的表层的内容，会认识到除作品自身之外更广阔的世界，对作品有更深入的认识。

文化批评理论的代表人物雷蒙德·威廉斯在《文化与社会》中表达了一个重要观点——文学文化与社会有着莫大的关系，文学作品中的文化现象是社会变迁和社会心理的承载与体现，并提出情感结构的概念。威廉斯认为特定时期的文化形成特定的情感结构，这种情感结构为人们所共有，即共通的经验。文化分析的目的是为了把握一个特定时代、作为整个经验性存在的所有实践和社会形态之间相互影响的方式。[①] 情感结构提供了一个分析文学作品的新范式，透过文学作品去窥探特定时期的社会文化和社会心理，并通过社会文化和社会心理更深入地理解作品。

雷蒙德·威廉斯的情感结构，作为分析艺术表达与社会变迁之间的关系运用而生，用以描述某一特定时期，人们对所处现实生活的普遍感受，这些感受包含着人们共有的价值观和社会心理，并体现在当时的文学作品中。从一部作品当中，运用威廉斯的情感结构，可以复原当时民众的社会心理，勾画出当时总体的社会风貌。情感结构被限定在社会与文化的变迁的语境当中，个人和社会经验不断变化，是特定历史时期的整体生活体验和生活方式，具有现实性和在场性，可用于概括和分析过去的时代生活现象，亦可用于对当代生活和文化现象的审视与批判。如20世纪八十年代中国出现的各种文学思潮——伤痕文学、反思文学、寻根文学，都反映了一代人历经"文化大革命"之后的精神困窘、迷茫彷徨的时代情绪，这是时代共同的情感结构，因此不管在分析任一作家的文学作品时，都能找到主人公背后的共同情感结构，归因分析都渗透着时代与社会的足迹。

因此，在进行整本书阅读教学时，把视野放宽，通过作品本身深入历史环境与社会文化，探究共同的情感结构，如此能够让学生更好地理解作品，认识一类作品中相通的地方。这也便是文学史划分时代阶段、国别和民族的合理之处。

---

① 转引自［英］雷蒙德·威廉斯. 文化与社会［M］. 北京: 北京大学出版社, 1991.

（四）脑科学理论

"教育不只是知识的教学，教育的本质是对人脑的教育，教育实际上就是培养脑。"[①]精彩纷呈的阅读内容对青少年大脑发育有良好的影响。

脑是阅读的生理基础。斯坦尼斯拉斯·迪昂在他的著作《脑的阅读——破解人类阅读之谜》中对人脑与阅读的关系做了全方位的分析。"人的大脑是具有可塑性"[②]的，"人类是唯一能够进行阅读等精致文化创造的物种"[③]，且"人的视觉系统会持续地受到后天环境的影响，正是视觉系统的这种可塑性使得文字的阅读成为可能。"[④]"人脑的神经网络发育得很完善，而且拥有精密的长距离联结。这些联结形成全脑工作站，可以对来自不同脑区的信息进行筛选、综合以及分配"[⑤]。而"每节阅读课过后儿童脑中新联结不断建立"[⑥]。新联结的建立促进了学生的认知改变，新联结某种程度上是学生对阅读有所吸收和内化，即通过阅读理解了意义，而"从长远来看，只有理解意义，阅读才具有价值"[⑦]。阅读的价值是无限的，它既有显性的作用，如学生写作能力的逐步提升，进而口头表达能力的日趋成熟；又有隐性的作用，如学生思想内涵的逐步深化、思维朝全方面多角度的方向发展。

整本书阅读中所选取的阅读书目应是有较高思想水平和文化价值的，因为大脑对于作品中具有生存意义的内容最容易保持也相对保持得更好。这意味着，选择富有生存意义的整本书阅读书目会大大促进学生的内化吸

---

① 蒋志峰.日本21世纪教育战略——直面脑科学的挑战[N].中国教育报,2004-09-17.
② [法]斯坦尼斯拉斯·迪昂.脑的阅读——破解人类阅读之谜[M].周加仙等译.北京:中信出版社,2011:276.
③ [法]斯坦尼斯拉斯·迪昂.脑的阅读——破解人类阅读之谜[M].周加仙等译.北京:中信出版社,2011:276.
④ [法]斯坦尼斯拉斯·迪昂.脑的阅读——破解人类阅读之谜[M].周加仙等译.北京:中信出版社,2011:276.
⑤ [法]斯坦尼斯拉斯·迪昂.脑的阅读——破解人类阅读之谜[M].周加仙等译.北京:中信出版社,2011:295.
⑥ [法]斯坦尼斯拉斯·迪昂.脑的阅读——破解人类阅读之谜[M].周加仙等译.北京:中信出版社,2011:211.
⑦ [法]斯坦尼斯拉斯·迪昂.脑的阅读——破解人类阅读之谜[M].周加仙等译.北京:中信出版社,2011:209.

收，丰富学生的整本书阅读体验。

基于对脑的认识，整本书阅读教学可以借鉴以下方法助益学生的阅读。其一，"在教学活动的组织上，教育科学的研究发现，个体自身进行主动操作和活动的程度与学习效果正相关。"①玛利亚·哈迪曼在她的著作《脑科学与课堂——以脑为导向的教学模式》中也提到："主动从记忆中提取信息比单纯的学习更有助于长时记忆的保持。通常学生们在提取联系（例如自我提问）中的获益比单纯的学习（例如反复阅读）更多。"②故而，整本书阅读教学的一个重要目的即借助整本书的阅读激发学生学习和探索的积极性与主动性。其二，"利用总结来加强理解和意义获得，总结不同于复习，总结是学生承担主要工作，他们通过心理复述，确定自己是否领会了学习内容以及学习内容是否对自己有意义。"③对篇幅相对较长的整本书做总结，是具有挑战性的，正是在这个过程中，学生的思维能力才能得到发展与提升。其三，阅读应该做有意义的保持，谈话、复述、使用多种感官都有利于记忆的保持。

从上述内容来看，脑科学的相关原理给予了整本书阅读教学以科学性的引领。

（五）"格式塔"理论

"格式塔"心理学包含整体性和直觉性理论。"格式塔整体性强调的是'部分相加不等于整体，一个事物的性质不决定于任何一个部分，而依赖于整体，这个从该事物整体中产生的性质，即所谓格式塔质'。"④整本书是一个整体，整本书阅读之"整"，结构上从头至尾，内容上有始有终，其中的各组成要素是整体中的部分。"格式塔心理学告诉我们，整体是先于部分而存在的。因此，我们理解一篇课文就应采取自上而下的方式，即由整体

---

① 董奇、陶沙. 论脑的多层面研究及其对教育的启示 [J]. 教育研究, 1997（10）：51.

② ［美］玛利亚·哈迪曼. 脑科学与课堂——以脑为导向的教学模式 [M]. 杨志、王培培译. 上海：华东师范大学出版社, 2017.

③ ［美］David A Sousa. 脑与学习 [M]. "认知神经科学与学习"国家重点实验室脑与教育应用研究中心译. 北京：国轻工业出版社, 2005；55.

④ 刘永康. 西方方法论与现代中国语文教育改革 [M]. 北京：人民出版社, 2007：166.

到局部。"①延伸到整本书阅读教学过程中，要求培养学生的整体意识，从而对整本书内容进行全局把握，在此基础上去展开全方位的分析，提取重点，从而避免断章取义式的了解，获得丰富而深刻的阅读体验。尤其是对小说中人物形象的分析，往往需要沿着故事发展的时间线，即在全局把握的基础上才能对人物有更准确的认识，进而完完整整地认识这个人物。课标基于整体性理论，建议整本书阅读教学可安排在两个学期，宜集中使用。这有利于学生在一段时间内思绪处于集中状态，获得整体性阅读感知。

"直觉这种认知真理的能力，从感知到有所悟，有所识之间，没有明显的逻辑推论过程。"②"从实验中，格式塔心理学派得出了一条结论：人类认识事物也可以依赖直觉。"③但同时需要认识到，直觉是需要旧有累积的经验和知识来触发的，延伸到整本书阅读中，即"不要用烦冗的讲析与大剂量的训练去淡化和取代学生的阅读品味"④，学生在整本书的阅读过程中，能够根据自身的经验与知识去阅读和品味作品，从而获得独特的阅读体验。阅读教学中需要注意保护和尊重学生的直觉获得，如此才能有所碰撞继而有新的创造性的收获，有利于学生思维的活跃和激情的迸发。

"格式塔"理论强调经验和行为的整体性，认为整体不等于并且大于部分之和。从整体出发的阅读，容易形成知觉整体，故而教师要爱护学生学习活动中的整体性、直觉性的感知特点。充分引导和发挥学生整体感知的能力，在此基础上锻炼学生阅读能力。

（六）学习"金字塔"理论

1946年美国学者埃德加·戴尔提出"学习金字塔"，充分说明，学生参与学习的程度越高，其收获就越大。通过听教师讲授、学生自己阅读、运用视听结合的方法阅读、进行示范的方法去学习；24小时后材料的平均保持率不足所学材料的一半，尤其是大篇幅的阅读作品，信息庞杂，学生很容易忘却相互联系的部分，从而导致对文本认识不深刻、分析不具体的

---

① 刘永康.西方方法论与现代中国语文教育改革 [M].北京：人民出版社，2007：172.
② 刘永康.西方方法论与现代中国语文教育改革 [M].北京：人民出版社，2007：174.
③ 刘永康.西方方法论与现代中国语文教育改革 [M].北京：人民出版社，2007：174.
④ 刘永康.西方方法论与现代中国语文教育改革 [M].北京：人民出版社，2007：176.

问题，导致阅读效果的下降。而借助于讨论组，通过实践练习，向其他人传授或对所学内容立即运用，24小时后材料的平均保持率较之前者有大幅提升。这三种都强调合作与运用。

在学生合作的过程中，我们并非求同，而是求异。因为整本书的阅读毕竟跟单篇阅读不一样，它更需要同伴之间的相互的撞击，这里的认知冲突就表现为与他人的认知冲突。有冲突有不同才能绽放出智慧的光芒，才能彰显出每个学生不同的理解，这些不同的理解将会相互之间较量，最后学生达成共识，学习的效果也会有很大的提升。

"良好的阅读基础在于主动的阅读。阅读时越主动，就读得越好。"①学习，尤其是阅读教学，更应突出学生的主动性与主体地位。如复述长篇小说内容，这个过程是对作品的有意识处理，如何清晰简洁地概括文章详略，突出重点，将内容要素有机串联，在成片的阅读中提取出的信息关联起来，浓缩成一个"麻雀虽小、五脏俱全"的结合体。学生参与到自己的阅读之中，并且因正确的方法而事半功倍。

（七）建构主义学习理论

建构主义作为认知论和学习理论，在知识观、学习观和教学观上提出新的阐释，对当前的语文阅读教学有重要的指导意义。建构主义学习理论的主要观点如下。

首先，知识是人们对客观世界的理解、假设或界说。它是由认知主体积极建构的，不是由认知主体被动接受的。换言之，知识依赖认识主体，并与之相互作用。它随着事物发展和人们的认知而变化，并非一成不变。因此，建构主义强调知识应用的情境性。换言之，知识无法与所有的情境相吻合。人在现实生活中，应该根据具体的情境重组、重建已有的知识。因此，学习者在学习过程中要善于进行质疑、检验和批判。阅读学习同样如此，阅读者在阅读过程中要进行思辨性阅读，而思辨性阅读最好的载体是整本书，因其内容结构复杂，主旨意义多元，更适合进行深度分析与论证。

---

① ［美］莫提默·J·艾德勒、查尔斯·范多伦. 如何阅读一本书［M］. 郝明义、朱衣译. 北京: 商务印书馆, 2004: 142.

其次，学习的本质是一个主动的建构过程，不能由他人代替。因此，学习者的自主性、能动性显得尤为重要。在阅读中，读者首先要"通过文字译码，理解文本的信息。"与此同时，"读者会运用自己已有的图式，建构文本的意涵，甚至发展和创造新的内容。"①也就是说，读者在阅读中发挥的能动性越多，建构越有效。基于这一理论，"整本书阅读"的概念被提出。因为它与传统的单篇阅读相比，更强调读者通过发挥主观能动性去进行知识的建构，所以更有利于阅读能力的提高。

最后，学习虽然是主动的建构过程，但并非任由学习者自己随意建构。在教学中，学生在建构新知识时不仅需要自己积极主动地关联已有知识，还需要有教师的参与。其中，教师的作用主要是创设情境，激发学生的学习兴趣和动机，了解学生的既有知识，引导学生运用、联系既有知识，解答新的学习问题。然而，传统的阅读教学以单篇或节选的文本为主，其特点是篇幅短小，信息量较少，可供教师创设具体情境的资源少。而整本书内容繁复，能够给教师创设情境提供更多的空间与资源。因此，这也是提出整本书阅读的原因之一。

---

① 高文、徐斌艳、吴刚主编.建构主义教学研究［M］.教育科学出版社，2008:347.

中篇　高中阶段整本书阅读教学
　　现状分析与策略探讨

一、整本书阅读教学现状分析

整本书阅读教学包括教师的教与学生的学。学生是学习的主体，是整本书阅读的主体。研究整本书阅读教学应该首先研究学生的整本书阅读情况，根据学生的阅读情况作出相应的教学反应。整本书阅读涉及阅读目标、阅读计划、阅读实施、阅读评价等方方面面的内容，为保证得到更多数据及更客观的事实，本书采用了文献研究法、比较分析法和网络问卷调查法，综合研究结果，分别从学生和教师两个维度分析目前高中整本书阅读教学的现状。

（一）学生整本书阅读的现状分析

根据对资料检索、比较和调查问卷数据的分析并结合教学实际，笔者发现高中生整本书阅读主要呈现以下特点。

1. 传统阅读习惯消退

由于网络时代"快餐文化"的冲击，浅表化阅读、碎片化阅读比较流行，学生很难深入阅读。第十五次全国国民阅读调查结果显示，超过半数成年国民倾向于数字化阅读方式，有声阅读成为国民阅读新的增长点，14—17周岁青少年的听书率最高[①]，这说明手机、平板电脑的普及改变了人们的阅读习惯和思维方式，传统的纸质书遭遇冲击。碎片化阅读以其快捷和高效的方式给人们带来了海量信息，但这些信息大多没有经过筛选就被推送，我们在浏览、翻阅网页的过程中可能被很多无用信息干扰，浪费了宝贵的时间，而这种阅读方式对自己的阅读能力也没有丝毫的提升。

高中生选择听书的方式可以在无形中获取知识，但这种知识是浅表性

---

① 魏玉山、徐升国. 第十五次全国国民阅读调查主要发现［J］. 出版发行研究，2018（05）:5-8.

的，没有经过深入思索，也没有做笔记或者写自己的感受，只能了解书的梗概，会遗失整本书的很多细节，不利于培养精读和速读相结合的读书方式。碎片化的阅读虽然看起来利用了零碎的时间，但是破坏了我们读整本书的思维连贯性，影响了思维方式。这种肤浅化、碎片化的阅读不利于养成良好的阅读习惯，影响对整本书的深度解读。

2. 阅读意识淡薄

通过问卷中设计的"在阅读课上，你经常喜欢读什么类型的整本书"这一问题的统计分析得出，选择长篇小说的为72.11%，其次是15.65%的人物传记和7.29%的其他。从中可以看出，高中生的整本书阅读兴趣偏向于长篇小说，这与课标中整本书阅读任务群必修模块的要求一致，但是任务群还要求能够阅读一部学术著作，而选择学术专著的仅为4.87%。由此可以推断，目前高中生对学术著作的兴趣偏低。鉴于阅读本身就是一项复杂的脑力活动，长期接触某一类文体，可能会走向阅读的误区，只研读小说，更多的是关注情节、人物、环境等，不利于形成严密的逻辑思维体系和培养审美鉴赏能力。而针对"你阅读不同类型的书籍，会采用不同的方法吗？"这一问题，只有20.73%的同学表示"经常会"，有21%的同学表示"几乎不"，有59.27%的同学表示"偶尔会"。这样种类单一、方法欠缺的阅读会造成视野狭窄，不利于形成对不同类型文学作品的解读能力，影响整体阅读素养的提升。因此，强化学生多角度涉猎不同文体类型的整本书的意识至关重要，不能随性而为，而应该拓宽阅读视野，培养阅读能力，养成良好的阅读习惯。

3. 阅读主动性缺失

高中学段的学生，大都面临着月考、期中考、期末考、会考、高考等各种考试的轮番轰炸，学业压力巨大，而由于整本书阅读的篇幅往往很长，耗时较多，阅读效果却进展缓慢，这必然在实际学习过程中导致了大多数学生甚至家长对于整本书阅读"敬而远之"。

根据学生的调查问卷，目前高中学生普遍存在阅读的积极性、主动性逐渐消失的问题，这一发现不仅仅体现为学生缺乏主动阅读的意识，更凸显学习的被动性，比如学生们往往只是按照教师的要求完成任务，课后的阅读进度必然会参差不齐。

在阅读方式上，很多同学比较倾向于自由阅读，在阅读过程中只愿意读一遍的同学所占比例为 68.64%，他们的阅读方式往往是走马观花式的，满足于读完即止的阅读状态，多数学生仅仅侧重于文本内容，缺乏相应的深度思考，这种阅读方式会导致思辨性思维和批判性思维很难得到发展。有些书动辄百万字左右，有些书离高中生的现实生活太远，学生在阅读过程中兴趣不足，容易产生阅读倦怠、阅读目标不明晰、阅读质量不高等情况，阅读效果并不理想。因此，在教学中要激发阅读兴趣，培养阅读主动性，选择合适的教学策略来推进整本书阅读，通过掌握多种阅读方法，提升阅读质量、训练思维，从而让学生真正爱上读书，理解整本书的内涵，全面提升阅读素养。

4.阅读形式单一

本书提出的阅读形式主要是指学生阅读的组织形式，包括个体自读、师生共读、小组阅读和亲自共读等。多样化的阅读组织形式可以增强学生的阅读兴趣，提升学生不同方面的能力。通过调查发现，49%的学生是喜欢在课上由老师带着阅读的，但是在实际读书的过程中，有70%的时间还是学生独立阅读，和老师一起读、和朋友一起读、和家长一起读的学生很少，学生的阅读形式相对单一，缺少合作，主要原因为：没有意识到其他阅读形式的优点。阅读活动一直以来都是以个体独立完成为主，操作性最强且没有时间上的限制，而其他阅读形式的时间和地点受限。小组阅读和师生共读都是需要有充足的时间以及合适的场所进行合作和配合。要获得良好的阅读效果，需要教师和学生提前制定阅读计划，并且在实施的过程中还需要课时的保障，因此相对于个体阅读来说实施起来要更加困难。

（二）学生整本书阅读习惯养成分析

从笔者综合的统计资料中可以看出，有不少学生实际上并没有养成良好的习惯，不会制订科学合理的阅读计划，也就是在读书的时候非常随意，这里的随意或许就是单纯地翻翻看看，甚至可以归类为没有阅读的情况，这一类学生人数在整体调查中占到不小的比例。另外在阅读过程中，还有62.57%的同学会选择读完整本书的阅读方式，说明他们的耐性还可以，能够一气呵成，形成对书本的整体感知。在阅读整本书的过程中可能会出现一些诗歌或个别难以理解的字词，阅读时也会产生一些新的问题，这时候停下来查阅资料，不仅浪费时间，影响对文本的整体理解，而且还容易打击学生的阅读兴趣。因此遇到这种情况可以先跳过，读文本的主体部分，等到对故事情节有了基本了解之后，再回读诗歌或有障碍的词句，就会感到豁然开朗，而对诗歌的内涵也有了研读的想法。在通读整本书之后，一些原来让自己疑惑的地方可能就会迎刃而解，要培养学生互文解读、以文解文的能力。

根据"阅读中，有无计划及如何执行"的数据统计，学生阅读计划性欠缺，能够制订计划并按计划执行的仅占 14.88%，65.12%的同学没有读书计划、随意性强，3.67%的同学根本就不知道如何做计划，在阅读过程中"三天打鱼两天晒网"，肯定是难以见成效的。阅读是一个慢功夫，贵在坚持，因此阅读过程中的监管就显得尤为重要。教师应帮助学生制订科学合理的阅读计划，让学生在整本书阅读的每个阶段都能有收获、有进步。整本书阅读的主要时间在课外，包括寒暑假和周末，课上主要是指导和提升，如果不制订科学合理的阅读计划，阅读效果就无法得到保证，课堂教学就会出现很大的差异性，有的同学会认真读完整本书，并做好适合自己的阅读笔记，形成对文本的个性化思考和感悟，但也有的同学只是囫囵吞枣，只能了解故事梗概，对相关的人物、事件、思维等印象不深刻，甚至个别阅读能力弱、阅读兴趣低的同学并没有读完整本书。这种阅读现象反馈到课堂上，就会出现一部分同学积极讨论，另一部分同学只会听的状态，甚至个别同学连人物关系都搞不清楚，出现不知所云、手忙脚乱查找书本相关内容的情况，课堂教学就不能有效进行。

针对"你会圈点、勾画、做读书笔记吗？"这个问题，只有 12.64%的同学经常做，54.72%的同学偶尔做，几乎不做的同学占比为 24.83%，如果不及时圈点、勾画、做记录，学生对所读内容就不会有深刻印象，在阅读过程中碰撞产生的想法、疑惑、感受等也会遗忘。古人常说"不动笔墨不读书"，养成圈点勾画的习惯，可以随时记录自己的点滴收获，强化对整本书的深度解读，把阅读中的思考落到实处，便于思维的归纳、梳理和整合。在阅读整本书的过程中，可以引导学生采取绘制思维导图的方式，把抽象单调生涩的文字转化为具体生动有趣的图形，以简洁明了的形式勾画出要点，以便于理清思路，发散思维，提升学生的理解力、概括力、表现力。在阅读整本书的过程中及时圈点、勾画、做读书笔记，绘制思维导图等，不仅可以帮助学生理解原著，而且可以使他们的分析性思维、审辩性思维和创造性思维都得以提升，进而提升思维品质。

因此整本书阅读不应该只是教师喊口号，布置完整本书的阅读任务就结束了，而是要制订严格合理的阅读计划并及时进行监督管理，要注重落实，学生读了没有，读到什么程度，教师都要做到心中有数，只有这样才能保证阅读的顺利进行。整本书阅读不能流于形式，首先要保证阅读的真实性，让学生充分在书本中浸润、熏陶，培养语感，探究感悟，获取知识和能力。其次，学生阅读习惯的养成也要有层次、有针对性，使学生能在阅读中培养良好的阅读习惯，最终形成好的阅读风气，相互影响、激励竞争，确保每个学生都能学有所获。

（三）教师整本书阅读指导现状分析

多读书，读好书，读整本的书。这不仅仅是对学生的要求，更是对语文教师的要求。腹有诗书气自华，语文教师作为具有人文性特征学科的教师，应该具备阅读的气质。蜂采百花酿成蜜，厚积之后而薄发。作为语文教师，应当要把读书当作第一精神需要，当作饥饿者的粮食，要有读书的兴趣，要喜欢博览群书，要能在书本面前静坐下来，深入地思考。用心阅读，这是教师职业的要求，也是教师本身的责任。教师在教学过程中，需要的不仅仅是教材里的知识，而是更加全面的知识。学生是学习的主体，在课堂中学生常常提出许多教师无法预设的问题，这是值得欣喜的，这时，语文教师就需要有宽广的知识面才能够回答好学生的提问。

语文教师自身进行整本书阅读是开展整本书阅读教学的基础。因此，笔者对 200 位语文教师进行了网络问卷调查，内容涉及语文教师自身整本书阅读情况及整本书阅读教学情况。在分析数据后，笔者认为当前语文教师的整本书阅读及教学存在以下特点。

1. 教学压力导致疏于研究

高中语文教师平时忙于各种教育教学工作，很难有时间深入研读整本书，而教师如果没有对整本书的深入了解和分析，又如何对学生做出适当的指导呢？根据"您有写读书笔记或读书心得的习惯吗？"的调查，"没有，只是随便读读"的占26.43%，"有时候出于外界的压力和指示写一两篇"的占10.71%，"读到感兴趣的书时会写一些心得"的占57.14%，"每次都会有读书笔记，读完后一般都写读书心得"的仅仅占5.71%。

从调查问卷中可以看出语文教师读书的随意性比较大，坚持做读书笔记的教师较少，这也与教师平时工作压力过大、工作烦琐，抽不出时间有关。多数语文教师并没有真正把整本书阅读当作一门课程，也就缺少有效的课型范例来指导教学。一线教师的教学压力很大，经常会面临各种考试和考评，而整本书阅读由于篇幅较长，往往费时费力，难以在短期内见效，语文教师要真正读透一本书，还需要阅读大量相关书籍或参考文献，结合学情进行归纳整合提炼，难度很大。教师如果不深入阅读，就很难做到有效指导。在很多学校，整本书阅读教学并未纳入考评指标体系，这就导致语文教师对整本书阅读不重视，缺乏进一步研读的动力。

2. 方法不当导致轻视指导

通过"您指导学生如何阅读整本书吗？"这一问题的分析发现，经常结合导读、同读等方式指导的仅占38.57%，偶尔指导的占39.29%，想指导却不会指导的占16.43%，不指导的占5.71%。从统计数据中可以看出，有指导方法的教师比较少，多数的整本书阅读指导处于随意、无序的状态，不能给学生有效的指引。

在指导的过程中，任务指令性不强。不同层次的同学阅读速度、阅读质量、思考深度都是有差异的，这时应该体现出分层指导，让每个同学都能够参与，有自己的感悟，否则阅读能力差的同学很有可能经常扮演"陪太子读书"的角色，而课堂就成了少数人表演的舞台。整本书的阅读指导目前局限于个别有能力的教师的个人行为，有的一线教师认为整本书的阅读指导没有太大的价值，学生阅读能力提升太慢，就倾向于以阶段性检测的方式带动学生阅读，整本书阅读指导课就变成了阅读习题讲评课。

师生平时接触的主要是教材，而课文的篇章阅读主要以精讲精练为主，在指导方法上，和整本书阅读是截然不同的，在课堂上的"碎问碎答"教学方式会对学生阅读思维的完整性与系统性造成干扰，教师可以通过阅读任务单的形式，给学生搭建阅读支架，但也要注意不要把整本书阅读完全肢解，破坏完整性和美感，影响学生的整体感知。

3. 缺乏监管导致功利阅读

高中阶段阅读的整本书的字数一般在一百万字左右，内容庞杂，容量大，可以思考和开发利用的角度很多，教学目标多样，过程管理难度很大。由于高中生学业压力大，很多师生倾向于题海战术和考试训练，平时忽视了阅读，有些教师轻视整本书阅读，认为浪费时间，效率太低。

在临考前，有的教师开始给学生印刷相关试题资料或简单讲解整本书的故事梗概、主要人物与相关情节，让学生去死记硬背，以便应付考试。这种教学缺乏学生的阅读体验，不利于学习习惯的养成和学习方法的掌握。学生缺乏阅读的计划性，整本书的阅读习惯不理想。阅读过程中教师疏于监管，就很难让学生实现对文本的深度阅读和形成个性化解读。

教师在读完整本书后，大多也没有写读书笔记或读书心得的习惯，这就不能给学生良好的示范。我们需要意识到，整本书阅读应该是在教师指导下的有效的教学活动，如果教师自己都不愿意写心得、做笔记的话，在课堂上与学生产生情感共鸣的概率会比较小，这就很难形成思维的碰撞和交流，不利于课堂效果的生成和拓展延伸。学生最终要面向高考，但学生的语文素养是不能靠突击达成的，没有长时间的文本细读和阅读体验，学生的阅读水平很难有根本的提高。因此，整本书阅读不能过于功利，而应注重师生同读，关注过程监管，使学生的整本书阅读能力得到切实有效的提升。

4. 教师评价方式单一

绝大多数的教师对于整本书阅读教学的评价，还仅仅只停留在考试层面上，一般采用试卷问答的方法。教师认为通过学生得分的高低可以看出对阅读书籍的掌握情况，认为得分高的学生对书籍内容掌握得比较好，得分低的学生掌握得不好。过于注重试卷成绩往往不能充分了解学生的阅读收获，一千个读者就有一千个哈姆雷特。试卷中的问题不一定就是学生在阅读书籍时所感受到的。换言之，试卷里的问题不一定能囊括这本书的方方面面。这种以一张试卷衡量学生阅读质量、注重结果性的评价方式是较片面和单一的，在一定程度上会对学生阅读能力的发展造成负面影响。此外，教师过于注重整本书阅读的绝对评价，往往会忽视学生的相对评价。

一方面很容易让学生觉得读完一本书没有任何收获，另一方面降低了学生阅读的积极性。在评价过程中教师主导的评价占据很大部分甚至是全部，没有充分给予学生进行自我评价和总结的时间和空间，学生不能直观地理解评价结果。

5. 课程体系设计欠完善

虽然在课标中都有关于整本书阅读的相关阐述，但主要涉及规定学生最低阅读量和推荐阅读书目两项内容，较少涉及阅读教学的具体内容，较少涉及阅读方法的具体指导。整本书阅读的有效落实离不开完备的课程体系设置。2017 年的新课标将整本书阅读纳入语文课程体系，使其"课程化"，正式进入语文课堂教学。虽然课程标准提到课时安排和教学内容、方法提示，但是没有统筹高中三年的学段情况，没有注意学段间的衔接性。高中阶段各年级的阅读书目以及评价体系都应具有序列性和递进性。整本书阅读的有效落实还依赖于在义务教育阶段建立完备的课程体系，实现义务教育阶段与高中阶段的有效衔接，设计各个学段相连的、完整的整本书阅读课程体系。因此，高中语文教师要深入研究整本书阅读教学，根据高中生身心发展规律和教育规律，结合课程标准和时代发展需要，健全和完善课程体系设计，提高学生的核心素养，促进整本书阅读教学的持续发展。

（四）整本书阅读现状成因分析

1. 学生方面的成因分析

高中生的自我意识比较强，通过调查问卷分析，家长督促孩子读书的比例非常低，亲子陪伴式的阅读也已经逐渐退场，而与之相对应的是大多数高中生还是没有形成良好的阅读习惯。根据教师调查问卷中"如何选择整本书"的数据分析，整本书阅读的书目 40%是经过教师讨论、商议后选定，42.14%是来自高中生必读篇目，2.14%是学生投票选定，15.72%是其他。

教师或课标推荐的书对有些同学而言，难度过大或与自己的生活相距太远，影响了他们的阅读兴趣，他们很难理解整本书阅读对人生的启迪意义和教育意义。有些高中生在挑选书目时，主观性比较强，自我约束能力比较弱，缺少理性的分析，喜欢一些趣味不高的书，使自己沉浸在虚拟的幻想中，尽管也读了一些所谓的"整本书"，但是读完之后，没有任何价值和正面影响，浪费了宝贵的学习时间，对自己的人生没有启迪。

客观地讲，高中学生的学习压力确实很大，高一面临着历史、地理、物理、化学、生物五科的会考和选课分班，高二有语文、数学、外语、政治的会考，高三就面临着高考，仅有的休息时间还要去辅导班补课，时间紧张，他们往往要求速成，而整本书阅读却见效很慢，有些同学急于求成，读了一本书就期望阅读能力和写作能力有大幅度提升、语文成绩得以突飞猛进，这也是不现实的。

高中生需要对整本书阅读建立正确的认识，要意识到阅读过程中自己的习惯、思维、语言能力发生的变化是潜移默化的，而不要期待有立竿见影的效果。对整本书阅读的书目选择可以采取内容和难度要求分级的方式，体现梯度性，使不同层次的同学都能够有所收获。

2. 教师方面的成因分析

在高考的指挥棒下，应试导向很明显。虽然绝大多数教师都知道整本书阅读可以提升语文素养，最终有助于高考成绩的提高，但是语文素养的提升并非一朝一夕就可以实现的，需要大量的时间和精力的投入，需要长期的阅读积累，才能实现从量变到质变的突破。一些教师觉得整本书阅读在考试中所占比例比较小，花费那么多的时间，得不偿失，不如把时间花费在其他题型的训练上。这种做法的功利性很强；甚至有的教师为应付考试，强制学生大量背诵或做题，这种本末倒置的方式无疑又加重了学生的负担，更使他们丧失了阅读的兴趣，所以有的专家建议不要过早地把整本书阅读纳入考核体系。学习的结果固然很重要，但学生在阅读中所培养的习惯和思维品质更为重要。诚然，背题或做题的做法是考虑到学生的学习时间紧张、任务重，但这种方法形式单一、过于注重知识的考查，缺乏科学的评价体系。

其实教师在阅读的过程中，应该站在学生终身发展的角度，把整本书阅读作为课程来开发。作为一门课程，整本书阅读教学应该具备目标、过程、内容、评价等基本的要素。教师在授课前应清楚地认识到整本书阅读应该读什么、怎么读、读到什么程度、有什么启迪和收获，并进行相应的指导和评价。整本书阅读可以开发的角度和学习资源很多，哪些更适合学生需要结合学情和整本书的内容做出筛选、组合和重新整合，教师方面应该把书读好读透，设计好教学过程，例如学习方式、学习任务、评价机制、评价方式等，让学生真正从整本书阅读中受益。

3. 环境影响成因分析

（1）校园缺乏阅读氛围

关于"您所在学校的领导对整本书阅读的态度是怎样的？"，44.29%的学校表示大力支持，有 32.14%的学校表示无所谓、不支持也不反对，20.71%的学校担心学生阅读会影响其他学科学习，有 2.86%的学校觉得整本书阅读是在浪费时间，极力反对。

首先，从校领导对整本书阅读的支持率就可以看出校园文化建设的情况。学校的展板大多用来展示历年的高考情况、师资情况、运动会等，至于整本书阅读的推介，并没有宣传力度。学校和班级里都会有图书角，但学校的图书角的书目比较庞杂，有辅导书、练习册和一些政治历史色彩比较浓的书，书籍重复，不成系统，阅读价值不高，仅仅沦为摆设。班级的图书角一般是由学生带来的书，大多是比较好的著作，但也夹杂着个别品味不高的书。

图书角的书，很多情况下，学生是没有时间看的，根据教师调查问卷显示，有 27.14%的学校不安排阅读课，有 30.71%的学校每周只有一节阅读课，这就导致了学生除了寒暑假，基本没有读书的时间，如果在自习课上读整本书，还有被没收和批评教育的风险，毕竟高考的科目太多了，作业还没写完，读书岂不是一件很奢侈的事情？

其次，从学校图书馆的建设来看，很多学校的图书馆，书籍陈旧、图书更新慢，设备落后，而且容量很小。在这有限的时间内，学生选书、还书就占了很长时间，而且不经常去，只是为了应付检查或刷阅读流量偶尔去阅读。这回读的书和上次借的衔接不上，阅读不能够深入，而且图书馆还有开放时间的限制，图书分类不明确，没有相关的介绍，学生很难在较短的时间内挑到有价值的书目。根据教师的问卷调查显示，学生能够在图书馆阅读的仅为11.43%，学校的阅读大环境没有营造好，势必影响学生的读书积极性。

（2）家庭缺乏阅读条件

家庭的整体阅读环境对高中生也有影响。首先有家庭教育，然后才是学校教育，在市场经济压力下，家长疲于工作，外出打工或家庭异地也较为普遍，大多数家庭，家长平时基本没有陪孩子读书的习惯，特别是到了高中阶段，全封闭式学校教育和"寄宿制"的普及，大多数家长事实上已经逐渐退出了亲子读书的舞台。

现在由于新兴电子产品的普遍应用，多数家长每天花费大量的时间玩手机、电脑，却一味要求学生自己静下心来去长时间阅读整本的书，这不仅不合情理，实践中也是不现实的。身教重于言传，阅读氛围好的家庭，孩子的读书习惯好，读书兴致高。即便是家里的藏书少，家长也可以引导孩子去图书馆、书店，扩大孩子的阅读面。有些家长认为教育孩子是学校的事情，与家庭没有太大的关系，也不想因为孩子影响家庭的生活状态，这是对孩子疏于管理的体现。尤其是对自制力差、阅读习惯不好的孩子，家长更应适当加强监督管理。

只有家庭教育和学校教育形成合力，孩子才能够走得更远。高中生的家长在督促孩子读书方面起到的作用是非常小的，他们大都知道读书好，但是他们更期待的是学生语文成绩的迅速提升。而整本书阅读的见效又比较慢，所以家长会倾向于一些速成的方法，给孩子报各种各样的语文补习班、作文班、高考冲刺班等，这就如同没有打好地基便开始盖房子，结果一定是不牢固的；而一旦投入和产出不成正比例，孩子的成绩不理想，家长就会有微词。这样不仅影响亲子关系，而且会影响孩子的学习积极性，更不利于阅读习惯的培养。因此，对于高中生的整本书阅读而言，家长要做好配合工作，一是与老师的配合，要了解学校的教学进度，按照老师提供的书目准备好图书，让孩子紧跟教学进度；二是与孩子的配合，有时间的家长可以读一读整本书阅读教学课程要求的书，与孩子探讨书中内容，抒发不同的见解，从不同的视角进行沟通，与孩子共同阅读，共同学习，共同进步。这样，不仅能增进彼此的感情，使亲子关系和谐，也能使孩子在课外延展阅读，增加知识储备，更能逐渐养成终生阅读的好习惯而受益终生。

（3）社会放任阅读浮躁

①网络的发展降低了人们对于纸质图书的阅读需求

随着社会的飞速发展，科技的不断进步，电子书、听书等各种软件应运而生，一时间充斥在我们身边。电子软件的出现让人们对于信息的掌握更加方便，逐步影响着人们的阅读方式。在调查过程中笔者发现，现在的学生更易受到电子阅读软件的影响，学生喜爱这种简单快捷、随时随地的、画面生动形象、内容丰富多彩的阅读方式。视频化的阅读方式，会让学生做出放弃阅读纸质书籍，直接观看影视作品的决定。近些年，《西游记》《红楼梦》《水浒传》《三国演义》这四大名著的翻拍次数不在少数，每个版本和原著都存在很多差异，如故事情节的删减、人物形象塑造的问题。因为影视作品为了迎合大众的口味，吸引大众的眼球，或多或少都会做出一定的改编。学生在观看电影和电视剧的时候，形象生动的画面感容易造成学生对原著的理解浮于表面，理解内容不深刻，远远达不到阅读书籍给予学生的深刻性。再者，快捷的搜索方式对于阅读时间不够的学生更受用，从网络上学生可以轻松查阅出书籍的所有内容，使得学生不用阅读完书籍就可以知晓本书重点，这样很多学生为了省时省事就不会去阅读。

②碎片化阅读降低了人们的阅读品位

社会大背景影响熏陶着个体的发展，阅读当然也不例外。一些国家在读书方面已经有了法律规范的保障和推进，例如，日本的《儿童阅读活动推进法》、美国的《不让一个孩子掉队法》等法律法规的颁布，都在社会范围内推动了民众读书活动的开展，树立了良好阅读风尚。

在中国虽然也有《朗读者》《中国诗词大会》等节目，在一定程度上激发了全民读书的热情，但根据中国新闻出版研究院 2018 年 4 月 18 日发布的第十五次全国国民阅读调查结果显示，我国 2017 年成年国民人均纸质图书阅读量为 4.66 本，人均电子书阅读量为 3.12本，超半数成年国民倾向于数字化阅读方式。具体来看，深度图书阅读行为占比偏低，21.7%的网民将"阅读网络书籍、报刊"作为主要网上活动之一[①]。整个社会没有形成全

---

① 魏玉山、徐升国.第十五次全国国民阅读调查主要发现 [J].出版发行研究,2018(05):5-8.

民阅读纸质书的社会氛围。从调查报告来看，全民阅读的情况不容乐观，大多数人还是依赖于手机、电脑等提供的碎片化信息，缺乏自己的思考和理解，没有深度阅读。碎片化阅读会滋生我们的惰性，不用思考就可以得出一些结论，而很多结论是肤浅的、片面的、甚至是矛盾的，这破坏了我们原有的逻辑思维体系，可能会接受一些错误的、负面的信息而失去辨别的能力。网络给我们带来了知识的便捷，但快餐式的阅读滋生浮躁的社会风气，使学生很难养成静下心来深入阅读的习惯。不当地使用手机等电子产品，会影响学生正确价值观的形成。手机、iPad 等电子产品，虽然会使我们获取知识更加方便快捷，但同时带来一些不良影响。电子产品中推送的很多文章内容品味不高、价值低下。尤其是自媒体的大量涌现，只要在平台上申请一个自媒体号，人人都可以成为自媒体作者。大多数自媒体人受经济利益的刺激，为追求流量、博取读者眼球，故意歪曲事实真相，评论主观色彩浓厚、信息不加以科学论证，甚至行文错字连篇，逻辑混乱等等，不但不能满足人们对于阅读积累的需求，反而使人们耗费大量的时间读取"垃圾文章"，甚至影响人们的价值判断。这对于高中生来讲有百害而无一利的。

英国《国家课程标准》在推荐书目时，特别强调"高质量"三个字，没有经过时间检验的庸俗的作品不仅不适合高中生阅读，甚至会影响学生正确价值观的形成。高中阶段是一个人从未成年走向成年、初步选择未来发展方向的特殊阶段，是世界观、人生观和价值观形成的关键时期。高中生的性格具有极强的可塑性，这时候所接触的图书应该是能够起导向作用的高雅的、先进的、在人类历史上有积极影响的，绝不能让学生由于猎奇心理，而误入劣质阅读的歧途，否则读得越多、伤害越大。与其让学生读一些碎片似的明星八卦新闻，不如给他们推荐一些名人传记，让浮躁、拜金思想远离孩子，让经典的、格调高雅的作品在社会上流行，这都离不开国家的推动。我们需要社会给孩子提供一个澄澈的、优雅的读书环境，给学生留下一片心灵的净土。

相比较而言，中国国民纸质书的阅读数量普遍偏少，这不利于形成全民阅读的良好读书氛围，对于处于阅读行为习惯养成关键时期的高中生而言，一个读书氛围浓厚的社会环境是非常重要的。因此，整本书阅读教学不仅仅是学校教师教书育人的任务和使命，也是全社会的责任。十年树木，百年树人，只有学校、家庭、社会方方面面形成教育合力，才能培养出国家需要的好少年、好青年，才能实现伟大复兴中国梦。

二、高中阶段整本书阅读教学策略探讨

在前文，笔者通过对教师问卷和学生问卷的分析，对当前高中阶段整本书阅读现状进行了分析并总结了问题及成因。针对这些问题，笔者依据教学理论，参考已有的成熟案例，提出如下教学原则及教学策略。

（一）高中阶段整本书阅读的教学原则

《孟子集注》中说："事必有法，然后可成。师舍是则无以教，弟子舍则无以学。"[①]其中的"法"可以理解成教师教学时应遵循的原则、要求。尽管在整本书阅读教学中，书目内容或主题等各有不同，各班级的师生也有不同的特点，但作为一种教学模式，在设计与实施中也会有共识性的原则和要求。

1. 主体性原则

主体性原则是整本书阅读教学的最基本原则，它是指在教学过程中，教师在明确学习的主体是学生的基础上，围绕学生进行设计与展开教学。这一原则主要是基于建构主义教育理论。建构主义认为知识是由学习者在一定情境下，通过他人帮助，积极主动建构的。整本书阅读教学则意味着学生在教师指导下对整本书进行意义建构。这就要求教师转变传统观念，更新观念，将学生看成是阅读学习的主体，而不是被动的信息接收者。学生必须通过主动阅读，吸收、搜集、分析其中的知识、语言等信息，才能发展语言、丰富情感。相应地，教师的角色由以往的传授者、讲解者转变为阅读分享者和指导者。因此，教师首先应该给予全体学生自主阅读的机会。教师不能代替学生阅读，不能把自己的阅读体验直接抛给学生。学生

---

① 朱熹. 孟子集注 [M]. 济南: 齐鲁书社, 1992: 170.

的阅读是教师提供指导、发挥引导作用的前提。为了充分发挥引导作用，教师还应该结合学生身心发展的特点进行指导。比如张媛老师所执教的《海鸥乔纳森》整本书阅读[①]，教学过程大致如下：首先安排学生自主阅读，并要求他们完成相应的阅读任务。接着通过朗读、批注等活动引导学生尽可能多地表达原初阅读体验，并启发学生提问题。这些问题体现了学生在阅读过程中的思考，也可以视为学生的学习成果。老师利用这种学习成果，将其转化为学习资源，让学生把所有的问题进行分类，并在其指导下尝试解答。这种先读后教的教学，充分体现了主体性原则，使学生真正成为阅读活动的主体。这对学生来说，不仅能够真正参与到课堂中，而且能够有效地进行深度思考，获得更深的理解。总之，在教学过程中，教师应该尊重与坚持学生的主体地位，科学地发挥引导作用。

2. 计划性原则

计划性原则是整本书阅读教学完整有序的保证。由于整本书容量大，所以阅读过程必然历时较长。不少教师常常以教学时间紧张为由一笔带过，或者开个头然后不了了之；而学生则更多是因为缺少阅读兴趣和自制力，而容易受到干扰，经常半途而废。凡事预则立，不预则废，整本书阅读教学也不例外。笔者在研究现有的整本书阅读教学案例时发现，要完成度较高的教学案例，大多具有计划清晰、目标明确的特点。如杨文枚老师在执教《雷雨》时，与学生一起从课外阅读、课内交流指导到最后的汇报表演进行了计划安排，尤其是活动计划。具体如下[②]。

第一周：（1）阅读、点评《雷雨》，并交流点评。（2）教师指导阅读《雷雨》。（3）各班成立导演组、道具组、音效组、宣传组。（4）根据班级数重新切分《雷雨》幕次。（5）抽签决定各班演出幕次。（6）商定演出时间、场地、评比办法。

第二、三周：（1）各班由导演组织挑选演员，成立演艺组。（2）专家讲座。（3）各班开始排练。

---

① 张媛，北京市朝阳外国语学校语文教师，整本书阅读教学经验丰富，重视学生阅读体验，强调立足整体进行教学。其教学流程可大致提炼为：自读——初探——细读——讨论——表达等五个步骤。本教学案例详见吴欣歆、许艳主编. 书册阅读教学现场 [M].北京: 教育科学出版社, 2016: 266-300.

② 胡勤主编. 高中语文学习任务群教学设计 [M].杭州: 浙江教育出版社, 2017:82.

第四周：（1）反馈、汇总排练情况。（2）道具进演出场地布置。（3）购买（租用）服装、化妆品等演出用品。（4）进行一次彩排。（5）各班制作、张贴宣传海报。

第五周：（1）第二次带妆彩排。（2）演出《雷雨》。（3）总结、评价、反思。以上的活动计划使后续的教学逐渐具体化、明朗化，使师生的教与学有据可循。可见，为了使整本书阅读教学能够有始有终，有序进行，教学就必须具有计划性。

计划性原则包括两个要点。第一，教师在教学前应该计划安排好各个教学环节、课时量等，才能在教学中做到心中有数，不至于半途而废。第二，教师要有意识地培养学生制定读书计划等良好的阅读习惯，以确保阅读有始有终。

3. 活动性原则

阅读教学是一种建立在教师设计实施活动和阅读练习活动基础上的个性化活动，整本书阅读教学也不例外。这就要求教师在教学中坚持活动性原则，以保证整本书阅读教学的有效性。

首先，遵循这一原则是促进师生双方积极投入课堂的重要保证。心理学研究表明，当学生的心理处于兴奋状态时，其学习效率也会大大提高。在阅读中，学生越积极主动，越有利于建构新知识，提高阅读能力。因此，教师应该依据学情和书目的教学价值去激发学生的阅读兴趣，激发学习热情。其次，任何能力的获得与提高都离不开活动，它是训练学生各项能力的外在呈现形式。阅读能力的获得与提高需要教师依据能力目标去设计活动。另外，需要注意的一点是，活动设计形式要灵活多样，这样有利于激发学生的学习兴趣，提高学生的参与热情，否则容易产生倦怠感。

比如程现亮老师所执教的《苏东坡传》整本书阅读[①]，在梳理全书核心内容环节，设计了如下活动。首先，给学生创设了为苏东坡筹建纪念馆的情境。通过对绍兴鲁迅纪念馆和人民英雄纪念碑的介绍与说明，使学生获得关于纪念馆筹建的相关知识。然后在此情境下，设计了以筹建策划

---

① 程现亮, 北京市朝阳外国语学校语文教师, 强调语文教学应多创设情境, 组织活动, 以此丰富课堂, 使学生感知语文的魅力, 其课堂教学也正是如此。本教学案例详见吴欣歆、许艳主编. 书册阅读教学现场 [M]. 北京: 教育科学出版社, 2016: 212–218.

书写作为主体的活动，并下设四个子活动：选址、主展厅设计、花园雕塑设计、纪念馆主体楹联撰写。具体来说就是，依据传主苏东坡的重要足迹选址；通过梳理其一生的主要成就，从不同角度、层面划分主展区；选择对苏东坡影响较大的人物，描述雕塑设计思路；借用或化用苏东坡的诗句进行楹联撰写。这一系列任务巧妙地引导了学生将苏东坡的人生足迹、交际、诗词等串联起来。这种新颖的活动方式极大地调动了学生的阅读兴趣，有助于学生全面理解传主的人格魅力和传记的文体特点，使课堂教学真正做到生动活泼有效率。

总之，在整本书阅读的教学中，教师应该在尊重学生主体地位并发挥其主体作用的基础上，立足于多种形式的活动，促进学生各项能力的发展。

4. 整体性原则

整体性原则是整本书阅读教学的基本原则，包括教学的整体性和阅读群体的整体性。为了保证教学的整体性，需要考虑诸多因素。首先是文本解读的完整性，这是基于整本书的特点提出来的。整本书从结构到内容都有一以贯之的气脉，自身具有一定的系统性，教师在进行文本解读时应从整体出发，全面解读，才能充分挖掘其中的教学价值。如果断章取义，强行割裂文本进行解读，整本书阅读教学就失去了特有的意义。其次，教师在进行教学设计时要从整体上进行设计，从全局出发。这就要求教学活动的安排要具有整体性，但这并不等于面面俱到，而是指设计与实施要具有连续性，应该环环相扣，构成一个整体。另外，教学的整体性还体现在各个方面的整合，主要包括三方面。在阅读训练方面，教师应对学生的语文能力进行整合，即对学生进行听说读写的综合训练。在教学方式上，教师也要注重整合，比如任务驱动与学生自读自学相结合、课内交流和课外阅读相结合等。关于检测、评价，教师应该从评价主体、评价方式等方面入手，进行整体设计。

比如张媛老师所执教的《孩子，你慢慢来》整本书阅读①，立足整

---

① 张媛，北京市朝阳外国语学校语文教师，整本书阅读教学经验丰富，重视学生阅读体验，强调立足整体进行教学。其教学流程可大致提炼为：自读——初探——细读——讨论——表达等五个步骤。本教学案例详见吴欣歆、许艳主编. 书册阅读教学现场 [M]. 北京：教育科学出版社，2016：304-341.

本书，从整体上进行了设计。首先，根据其文体和内容，将教学终极目标制定为理解作者对个人尊严的呼唤。其次，在学生通读环节，依据各篇目的内容、特点，提取出不同的能力训练点，并设计了相应的阅读任务，如以填空的形式提炼文章主旨，通过颠倒文本内容的顺序发现细节等。在教学环节上，为达成教学目标，设计了一整套言语实践活动，如撰写体式规范的读后感、描述文本中的插图等。这些实践活动不仅训练了学生的写作和表达能力，更使学生从感性体验上升到了理性认识。最后，结合本书适于亲子共读的特点，组织了"亲子共读一本书"的读书交流会，使学生和家长对全书内容进行了深入思考和充分交流。这种基于整本书的整体设计，使教学富有连续性和层次性，利于学生对文本价值的领悟和阅读能力的提升。

阅读群体的整体性，是指整本书的阅读群体是由学生、老师互相构成的，而不是单个学生个体的行为。因此，教师在自己读的同时，也要鼓励、引导每一个学生去主动阅读。整本书阅读不是个别爱好阅读的学生的活动，它要求教师带领全体学生参与进来。坚持阅读群体的整体性，有利于创造良好的阅读氛围，从而促进学生阅读能力的发展。

（二）高中阶段整本书阅读教学策略探讨

1. 整本书阅读起始课

起始课在整本书阅读教学中所用课时少，但是影响大。起始课的成功与否影响着整本书阅读的效果。

（1）书籍的选择

学生时代最大的特点，在于他的现实生活空间是十分狭窄的，但是他的精神空间却是广袤和充盈的，其中最重要的途径就是读书，在书中可以跨越千年去领略历史起落的沧桑，可以打破地域种族的界限去和形形色色的人物交流，可以在一个机缘巧合中和另一个自己相遇。最重要的是，这些朋友是可以自己选择的，这就涉及了如何"择友"的问题。我们生活在一个文化灿烂的时代，各种各样的书籍、知识如汗牛充栋，可以说，读什么书、怎么样读书，实际上一个自我知识结构的建构问题。一个人该读什么书，取决于自身想要发展成什么样的人，渴望具备什么样的知识体系。

①书籍选择的原则

第一，经典性。古人云：取法乎上，仅得其中；取法乎中，仅得其下。因此在不知道读什么的情况下，不妨就选择经历成百上千年沉淀下来的经典著作，例如《道德经》《哈姆雷特》等。《道德经》是世界上发行量第二的著作，在很多国家都有着极大的影响力，作为国人更应该学习《道德经》，传承和弘扬中国传统文化，体会传统文化的人文精神，增强文化自信。《哈姆雷特》是莎士比亚的四大悲剧之一，也是最负盛名的一部作品，能够代表西方文艺复兴时期的最高成就。阅读经典就犹如站在巨人的肩膀上，能够直接和大师对话，直接吸收最精华的文明，用自己有限的生命去丰富无限的精神世界。

第二，多元化。多元指的书籍的国别、地区、内容、类型等方面。学生既要读本国的作品，也要读国外的优秀作品，在内容上要广泛涉猎文学、经济、政治、社会、哲学等多个方面，在体裁上要兼顾诗歌、小说、散文、戏剧等多种类型。多元化不仅是时代发展的主流，更是文化、书籍本身具有的属性，我们要有这样的胸襟和气魄：要将一切人类创造的文明尽收眼底，将尽可能多元的精神思想容纳于心。一个人只有拥有了足够的学识和底气，才能在自己的成长发展中逐渐形成独立的思想价值、人生信念等，多元化的阅读才能促进学生思维全面发展，促进学生语文素养的全面提高。

第三，层次性。层次性是指学生在不同的阶段阅读书籍应该具有一定的"梯度"，这里的"梯度"是指不同学年段的阅读内容和阅读范围要呈现出逐渐递进的形态。"阅读教学只有形成序列，才能改变当前自行其是的混乱局面。"①太过高深的和太过简单的都不适合学生来阅读，对学生来讲最好的书籍是半懂不懂的书。由于学生的认知水平是不断提高的，短短的三年，对于培养学生的哪些素质，致力于把学生培养成什么样的青年，作为教育工作者应当了然于心。因此在挑选书籍的时候应该考虑到书籍的深浅层次的过渡，不同类型书籍的交替，最大限度地提高学生的阅读水平。

① 王海燕、魏尉编. 语文阅读教学策略研究 [M]. 天津: 南开大学出版社, 2015: 197.

第四，趣味性。英国的批评家约翰·凯里说过："我的选择标准就是纯粹的阅读愉悦——这些书给我带来快乐，我也希望其他人想起这些书或者接触这些书就会感到快乐。"①阅读应该是一种能够让人感到幸福的活动，这种幸福的来源必是自己全身投入书中去遨游或现实的、或虚幻的、或切近的、或遥远的、我们能够感同身受的和我们从未经历过的世界。因此学生要根据自己的兴趣爱好选择书籍，这样才能获得读书的快乐。教师也可以适当推荐，例如《卑鄙的圣人》这本书是以曹操的视角来讲述三国的故事，故事的前后逻辑清晰，并且语言十分幽默，功底颇深，让人忍俊不禁的同时又能感受到作者语言运用的巧妙；《人类简史》的作者瓦尔·赫拉利，是一个博学且有主见的人，叙事广泛，论述十分精彩，语言朴素却饶有趣味。

②书籍选择的内容

读书，归根结底还是要选择适合自己的内容。适合自己的书就是通过阅读能让自己增长见识、反思自我、启迪人生、获得快乐的书籍。阅读的过程就是不断寻觅的过程，其实没有人在读书，他们读的都是书中的自己，不断地与另一个自己和更多的可能性相遇。因此在选择书籍的时候，要有自己独立的判断：我想要成为什么样的人？我需要什么样的书来帮助我？这样的问题能形成强大的推动力，帮你找到适合自己的书。

第一，尽可能读完课标推荐的书目。课标推荐的书目都是经过了历史检验的传统文化书籍，以及近年来许多专家和学者推荐的、对高中生的身心发展大有裨益的书籍，因此，在疲于选择的时候，不妨先把课标推荐的书籍拿来阅读，相信会对学生的阅读能力和语文素养有很大的帮助。课标中推荐的作品都是在漫长的历史中闪耀着不可磨灭的光辉的，对学生的语言能力提升、思维品质培养、审美意识创造和文化自信提升具有很大的推动力。

第二，博采与专攻相统一。博采是指对不同门类的知识都有着广泛的涉猎，专攻则是对自己感兴趣的或者自己目前正在从事和学习的方面进行精深的阅读和研究。"有精有博，又精又博，当是读书的理想境地。"②对于高中生来说，大部分的学生还没有树立起自己未来的理想和发展的方

---

①　[英].约翰·凯里.阅读的至乐[M].骆守怡译.南京：凤凰传媒集团、译林出版社，2009：4.

②　贺颖.说广泛阅读[J].黑龙江史志，2010（04）：7-9.

向，恰恰应该在博采中逐渐发现自己的兴趣和天分，从而确立起未来想要努力专攻的目标，因此要扩大自己的阅读视野，要将各类书籍都能囊括于怀。当学生拥有的知识可以帮助自己定位或者明确自身未来的发展方向时，就体现了阅读的价值。同时，不同学科和门类之间的知识是相互联系的，要想专攻也必须博采众书，提取其中有益于专攻的部分，感受知识之间的相互联系。尤其是语文和历史，喜欢学历史的同学一定要有一定的文学素养，而打算学中文的学生对于历史的知识也必须了然于心，如此才能在文学作品中更好地产生共鸣。

第三，懂得筛选和取舍。朱熹曾经说过："观书亦须从头循序而进，可以浅深难易有所取舍，自然意味详密。"名家的著作大多数是在某一方面有着突出贡献的书籍，学生应该尽量多读大师的作品，但是这并不意味着应该来者不拒，在学生的时间和精力都有限的情况下，应该选择最具参考价值的最具权威性的著作。白居易一生创作了许多现实主义的伟大诗篇，但他也写过庸俗之作；牛顿对物理学作出卓越贡献，但是晚年却研究神学，与自己毕生研究相悖，坠入了唯心主义的漩涡；还有一些作者一生创作无数，但是可圈可点的作品却屈指可数。因此学生在选择书籍的时候，不能一味地依赖通过作者来筛选，对于名家不能爱屋及乌，可以在阅读之前搜集相关资料，阅读他人的书评和读后感，选择其中真正优秀的作品。

（2）阅读兴趣的培养

①制造悬念，激发阅读动机

动机是指一种心理倾向或者是内部的驱动力，它能够激发和维持个体的行动，对个体的行动起到一个导向的作用。美国的心理学家伍德沃斯将这一概念应用于心理学，指出动机的三个功能：第一是激发功能，激发个体产生某种行为，我们在阅读中引入这一概念是通过阅读动机激发出学生渴望阅读的心理和行为；第二是指向功能，让个体的行为指向一定的目标，在阅读中是指通过阅读动机的指向，完成阅读目标；第三是维持和调节功能，通过阅读动机让学生保持一定时间的阅读，并且调节阅读的强度等。

动机是构成人类大部分行为的基础，同理，进行阅读活动的前提是具备阅读动机，通常激发阅读动机包括明确阅读书籍的重要性、设置触手可及的阅读目标、制造阅读悬念等多种方式。以教师制造阅读悬念为例，悬念即设置疑问以唤起读者的阅读欲望，首先需要教师提出悬而未决的问题，将学生置于"谜团"之中；然后要利用学生的急切心理使学生产生求解的心情，从而通过主动阅读寻找答案。郑三法认为，设置悬念的方法主要有：整体式悬念——在开始时设计悬念，贯穿全书；切入式悬念——在阅读的过程中根据书籍的具体内容设计问题；映衬式悬念——通过意境和场景的转换，找到关键问题烘托气氛；豹尾式悬念——在书籍阅读结尾处设置问题，在阅读教学的内容上再掀波澜，以强化学生的思维①。

②表扬激励，提升自我效能

自我效能感是美国著名心理学家班杜拉在 20 世纪 70 年代提出的概念，指的是个体对自己能否在一定水平上完成某一活动所具有的能力判断、信念或主体自我把握与感受，是个体在面临某一活动任务时的胜任感及其自信、自珍与自尊等方面的感受。②在阅读活动中，自我效能感表现为学生对自己是否能利用自己所掌握的阅读方法在一定的时间内完成阅读活动的一种主观性的心里预期。班杜拉还提出影响自我效能感的六个因素——成绩经验、替代经验、口头说服、想象经验、情绪状态和生理状态，笔者认为其中最适合教师运用的并且最有利于提升学生自我效能感的是以下的三点。

第一，成绩经验。成绩的高低是学生自我效能感的最直接明显的信息来源，教师可以通过阶段性的阅读成果检测来帮助学生获得好的成绩经验，促使学生总结成功的经验，找出困难和不足的地方，给自己设定一个更好的要求和新的阅读目标，渴望在接下来的阅读活动中获得更大的自信心。第二，替代经验是指学生在观察他人时对自己的效能感也会产生影响，当看见与自己类似的人在一项任务上成功，自我效能感也会随之增加。因此教师可以选择一个整本书阅读完成得好的学生作为榜样和目标，让其他学生学习或超越。第三是口头说服。口头说服相对前两种自我效能感的信息来源来讲要稍弱一些，它的力量会受说服者的可信度和吸引力等因素影响，因此教师要扮演好这个说服者的角色，增加自己的阅读量、丰

---

① 郑三法. "悬念" 在语文教学中的运用[J]. 语文教学与研究, 1989（05）: 6-7.

② 参见［美］A. 班杜拉. 思想和行为的社会基础——社会认知论（上册）[M]. 上海: 华东师范大学出版社, 2001.

富自身的文化底蕴，并且提高自身语言的吸引力和说服力，让学生能够对读书充满兴趣。

③创设情境，营造阅读氛围

情境在心理学中指影响事物发生或者对个体的行为产生影响的环境条件，适宜的情境对个体的行为会产生积极的影响。杜威说："'情境'这个词所指定的东西，不是单一的对象、事件或对象和事件的集合。因为我们从来没有经验或形成关于孤立着的对象和事件的判断，而仅仅是处在一个有背景的总体的联系中。后者就是所谓的'情境'。"①人们会因为温馨或独特的装修设计而爱上一家店，会因为舒适和谐的氛围喜欢上一个地方，那么在阅读的时候，什么样的环境和氛围是学生最喜欢最舒适的呢？

首先，要创造一个温暖、舒适的阅读环境。如果室内环境是昏暗的，沉闷的，学生一定不会有很好的阅读体验，而当学生翻开书页的时候，有温暖的阳光洒进来，窗台上还能飘来阵阵花香，这会让舒适感倍增。不仅如此，良好的阅读环境还能激活学生的阅读记忆，例如学生也许会记得，在读到《老人与海》中"他心地单纯，不会去琢磨自己怎么就到了如此谦卑的程度。但他知道自己到了谦卑的程度，而且知道这并不丢人，不会给真正的自尊心造成任何伤害"时，闻到了一阵香气，那么这个嗅觉所带来的记忆会和当时读书的记忆交叠在一起。

其次，要营造良好的阅读氛围。教师和学生可以共同营造一个与书中基调相符合的氛围。我们可以利用的道具其实是很多的，师生可以根据不同的书籍适当地布置一下教室，或者选择与书中相同基调的音乐作为背景音乐，帮助学生沉浸其中。在家中学生可以借助音乐营造氛围，或者与父母共同阅读一本书，在阅读的过程中还可以相互讨论。

（3）教学计划的制订

凡事预则立，不预则废，制订具体的阅读计划是顺利开展阅读活动的重要环节，也是提升阅读质量的关键。由于学生的课时很长，作业也并不轻松，自主的阅读活动本就很少，很多时候都是只有一个开始，却很难有始有终，质量又往往不尽如人意。

---

①阅读方案预设

阅读方案是对阅读目标、阅读要求、阅读方式和方法、阅读进度和阅读过程等方面的较为具体和周密的部署，通过制订阅读方案预设可以让学生明确具体的阅读步骤和方法，让学生能够有章可循。阅读方案的设计，应该掌握以下原则：第一，合理分配阅读时间。教师应该根据书籍的内容和篇幅合理分配阅读时间，让学生在一个合适的规定时间内完成阅读。第二，体现书籍主要价值。教师在设计阅读方案时应该根据书籍的类型体现书籍的主要价值，例如传记类的作品应该突出体现文学价值和历史价值；小说类作品应该突出人物环境和情节；论述类作品应该提取主要的观点以及逻辑性等。第三，准确定位教师角色。整本书阅读的教学活动应该体现教与学的统一，阅读活动不应该是单纯地让学生参与活动，而应该引导学生进行表达和参与实践，在这个过程中教师应该是"活动内容和活动过程的创设者、组织者、调控者，绝不是旁观者"[①]，第四，平衡整体个体关系。班级学生较多，教师应该注意平衡教学的整体性和学生阅读学习的个体性。

②阅读教学方案例证

以《杜甫传》为例，设计阅读教学方案如下。

阅读目标

第一，拓展相关知识：在高一的第一学期完成《杜甫传》的阅读，实现对初中和高中阶段教材中出现的杜甫作品等知识的延伸和拓展，使学生能够更加全面深刻地了解杜甫，读懂杜甫的作品。

第二，提升阅读能力：在阅读任务的驱动下，完成《杜甫传》的阅读，掌握基本的阅读方法，形成适合自己的阅读习惯，提升阅读能力，建构整本书阅读的知识体系。

第三，探究自我价值：通过阅读，从中体会到杜甫一生漂泊却心系百姓的家国情怀，从而树立自己的价值观念。

阅读要求、方法

第一，读写结合：在读书笔记中写下随机的心得；在书中的诗歌部分

---

① 王宁、巢宗祺主编. 普通高中语文课程标准（2017 年版）解读［M］. 北京: 高等教育出版社, 2018: 20.

作注；选择一首你最喜欢的诗歌，并说明原因。

第二，体会传记的特点：找出文中你最喜欢的一段评述，同桌交流讨论；归纳总结出阅读人物传记的方法。

阅读方式

个体阅读、小组合作阅读、师生共读。

阅读进度表

时间	阅读任务	活动设计
第1课时	1.阅读教材中杜甫的诗文 2.阅读冯至的相关介绍 3.阅读目录和前记	1.学生分小组的形式诵读教材中的杜甫诗文 2.每组选一名学生代表，谈谈你对杜甫的认识 3.教师为学生提供冯至的相关资料，让学生阅读，教师补充讲解 4.阅读目录和序言，对整本书有一个了解
第2至4课时	1.阅读《杜甫传》从"家事与出身"到"流亡" 2.阅读《杜甫传》从"侍奉皇帝与走向人民"到"再度流亡" 3.阅读《杜甫传》从"幕府生活"到"悲剧的结局"	1.梳理章节内容 2.梳理杜甫一生行走流亡的轨迹 3.整理杜甫不同时期的诗歌内容和风格变化 4.找出在杜甫生命中起到重要作用的友人
第5至6课时	1.阅读《杜甫传》的两个附录内容 2.阅读感受其他人笔下的杜甫形象	1.写出你眼中的杜甫 2.分享你最喜欢杜甫的一首或几首诗 3.总结人物传记的阅读方法和步骤

③阅读教学案例分析

该阅读教学活动计划一共设计了6个课时，《杜甫传》是一个篇幅不长的人物传记，其中第1个课时分为3个部分——联系教材、熟悉作者、阅读目录序言，这些属于阅读之前的准备工作，是阅读的基础。接下来的3个课时用来阅读书中正文的内容，将全书分为3个部分，每个课时阅读一个部分，并且学生在阅读过程中要做读书笔记，包括概括章节内容、杜甫流亡的轨迹、杜甫的重要友人以及杜甫前后期诗歌的风格变化，这些内容都是蕴藏在书籍中的，并且对学生梳理文章内容和了解杜甫有着重要的作用，同时也让学生养成做读书笔记的习惯。最后的2个课时是拓展阅读和阅读评价的环节，学生通过阅读附录和其他相关资料，能够加深对杜甫的了解，在这一过程中，学生需要进行读书交流，选择自己喜欢的一首诗并且写一个表明自己观点的文章，让学生通过互评的方式进行交流，并且总结人物传记的基本阅读方法和一般步骤，让学生学以致用。

2. 整本书阅读过程课

在上完起始课后，学生准备了相应的纸质书籍，尝试开始阅读。这时，语文教师不可放任自流，还应该上好阅读过程课。

（1）扩充阅读形式

①个体自读

个体自读不是简单一个人读一本书，这里的个体自读是指学生在学校教师的指导下，制定具体的阅读计划、运用一定的阅读方法而进行的相对独立的自我阅读方式。根据调查问卷显示，我们发现有三分之一的学生更喜欢一个人独立阅读一本书。同时也有越来越多的教师关注到了阅读是学生获取知识、认识世界、获得审美体验的重要途径，个体的自读是建构自我知识结构的最直接有效的方法，但是由于学生自身对于书籍的种类缺少辨别力，阅读容易出现偏好，不能养成良好的阅读习惯，因此学生自读需要在教师的引导和督促中进行。

个体自读具有重要的价值。第一，促进个体多元阅读，扩大阅读领域。由于阅读的主体具有差异性，因此学生的阅读爱好也是千差万别的，很多学生虽然阅读的书目较多，但是涉猎的种类相对单一，阅读的领域相对受限。尽管个体阅读活动的主观性和独立性都相对较强，但是依旧受外在因素的影响，教师和同学都是其中很重要的影响因素。学生的阅读是一种持续性的行为，在学生阅读完一本书之后，会在这本书的影响下产生新的阅读欲望。因此教师可以通过同学荐书、教师推书等形式引导个体阅读，争取将外在的干预和影响转化为学生个体内在的兴趣和动力，让不同类型的书籍走入学生的视野供学生选择，激发学生强烈的阅读欲望，从而促进个体多元阅读，扩大阅读视野。第二，促进个体掌握方法，提高阅读水平。传统的个体自读通常缺乏科学有效的阅读方法指导，随意性较大，不知道什么书应该精读、什么书可以略读，通常费时又低效，阅读效果不够显著，因此教师在学生阅读过程中应该提供阅读方法上的指导，让学生能够了解不同的书籍要用不同的方法去阅读，在适合精读的书籍中要抓住书中的某个点，仔细品味，认真琢磨，从浅层次的阅读走向深层次的阅读，加深阅读的理解；在适合略读的书籍中要学会从宏观的角度简要浏览书籍的序言、目录等基本信息，掌握书籍的大概内容，获得关键的信息，提高学生的阅读水平，因为阅读速度的快慢也是衡量个体阅读能力高低的一个重要指标[①]。通过教师指导下的学生个体自读，能够有效地掌握合理的阅读方法，从而不断提高自身的阅读能力和阅读水平。第三，促进个体思维发展，深化阅读体验。新版的普通高中语文课程标准中，将思维的发展与提升列为语文的核心素养之一，阅读最重要的目的就是形成学生对于世界的认识、对于人生的感知以及对于价值观念的内化，个体阅读的最终结果是会形成个体的独立的阅读价值体系，"有质量的思维，是真正阅读的前提"[②]。阅读活动和思维发展是相辅相成的，思维的活动和阅读活动的基础，阅读活动也能够促进学生思维的高质量发展。教师针对学生所采用的一系列策略，能够丰富个体的阅读领域，优化阅读效果，而且能够让个体在理解书籍和辨析文本等方面提高思辨能力，在教师指导下的学生个体阅读活动会更好地促进思维的发展，增强自省意识，有助于学生的个性化发展，深化阅读体验。

②小组阅读

小组阅读就是把班级同学按照一定的标准分成若干小组，去共读一本书或分别阅读不同书籍，整个阅读活动都以小组为单位，辅之以教师的指导的阅读形式，在小组阅读汇报之后，教师和其他小组共同给出合理的建议，从而促使学生能够更高质量地完成书目的阅读方式。美国著名的心理学家林格伦认为，小组合作学习以学习小组为基本组织形式，以团体成绩为基本评价依据，因而，合作交往能成为学习的主导推动因素。[③]

教师可以根据学生的实际情况和书籍的内容按照多种方式进行分组，以下仅以最常见的三种方式举例。

第一，按照性别分组。由于性别差异，男生和女生感兴趣的书籍类型必然有区别，男生可能偏好冒险、武侠类小说，传记、历史文学等；女生可能喜欢爱情、青春类小说，散文、诗集等文字优美的书籍。教师可以将

---

① 李雪梅. 探索"师生共读"的有效思路[J]. 语文建设, 2017 (34): 61-62.
② 王永林. 提升阅读能力发展语文核心素养[J]. 教育实践与研究 (A), 2017 (Z1): 64-66.
③ 参见[美]林格伦. 课堂教育心理学[M]. 章志光等译. 昆明: 云南人民出版社, 1983.

男生和女生分为两组，分别阅读不同的书籍，通过竞争的方式来调动学生之间的热情和积极性，最后再一起交流和研讨、汇报读书成果。

第二，按照座位分组。在班级按照座位对学生进行分组，一组四到五人为宜，共读一本书，这样首先从距离上便于学生之间相互讨论和交流，其次学生的阅读进度和阅读理解力也存在差异，可以让读书快的学生带动慢的学生，让学生之间不同的思维火花产生碰撞，最后按照座位分组也更加方便教师对于阅读活动的监督和掌控。

第三，按照兴趣分组。这种分组方式更加适用于阅读多本书籍，将有相同兴趣爱好的学生分为一组，有着类似的阅读基础和心里期待，阅读过程中产生的分歧会比较小，相对于其他人会更容易产生强烈的共鸣，彼此之间的沟通交流会更加顺畅，阅读效果也会更加显著。

小组阅读具有重要的意义。首先，分组阅读能够扩大学生的阅读容量。将学生分成若干小组去阅读不同书籍，无形中就扩大了学生的阅读容量。学生通过其他小组的汇报和交流，潜移默化中又掌握了其他书的相关知识，即便自己没有细读，也能够对书籍的基本内容和主题思想有一定的了解。通过小组的阅读的形式能够使阅读活动跳出一本书的范围，拓宽阅读的外延，增加学生的阅读量。其次，分组阅读能够锻炼学生的表达能力。分组阅读的形式较为灵活，将学生的阅读学习方式从单向的知识灌输改变成探究式，可以较大程度上提高学生的主动性和参与性。学生在小组阅读的过程中需要进行交流和讨论，在阅读结束之后要派代表对本组阅读的书籍作出汇报，这一过程有利于帮助学生个性化地表达自己的观点、想法、爆发出激情，从而促进自身表达能力的提高。最后，分组阅读能够培养学生的合作能力。分小组合作阅读就是能够让学生尽可能多地参加到阅读活动中去，整个活动需要每一位同学的参与，在这一过程中，学生需要进行设计和分工，需要交流和探究，需要集思广益，同时学生之间存在着个体差异，包括思维能力、表达能力和阅读能力等多个方面，小组共读的过程还可以促进学生之间的互帮互助，由此提高学生的合作能力。

③师生共读

苏霍姆林斯基说："阅读决定了一位教师的教育素养，教师要始终保持读书的兴趣，把读书视作自己的精神需要，要在博览群书中深入思考。"①从某种程度上来说，教师教学的过程亦是自省的过程，《学记》中有"学然后知不足，教然后知困。知不足，然后能自反也；知困，然后能自强也。故曰教学相长也。"②很多教师只是单纯地布置给学生阅读任务，要求学生完成读书笔记等内容，自己却根本没有进行阅读，久而久之，学生便不会认真地读书，而教师因为自己没有阅读，因此也无法对学生的阅读效果进行评评判。师生共读的价值主要体现在以下几个方面。

第一，提高教师的专业素质。教师的教学过程也是教师的专业素养不断提升的过程，教师在与学生共同读书的过程中也可以扩大自己的阅读外延，丰富自己的精神世界。教师的人生阅历要比学生丰富很多，而语文教师又有着自己的专业知识和相对厚重的文化底蕴，阅读的速度要更快，阅读的效果也会更好，读书是每个语文教师专业发展的必不可少的方式和途径。另外在师生共读的过程中，学生会从新颖的视角，提出一些新的看法和观点，师生可以共同交流切磋，不断碰撞出新的火花，这对教师提高自己的语文素养和专业素质也有很大的帮助。华东师范大学教育系叶澜教授提出教师"应具有促进发展的意识和能力"③，作为一名语文教师，语文素养和职业修养都不是一劳永逸的，需要在时代的进步和语文学科的发展中不断地学习和完善，在与学生的一次次交流和对话中不断反思和提高。

第二，优化学生的阅读效果。教师与学生共读一本书，优点是教师亲自参与了自己组织的阅读活动，可以在自己阅读的同时及时地监控掌握学生的阅读进程和动态，可以对学生在阅读过程中存在的问题进行有针对性的处理。如此既可以有效避免学生机械化地完成教师布置的任务，又能够给学生更好的阅读指导，优化学生的阅读效果。教师能够平等地参与整本书阅读的各个环节，"以自身的优势、兴趣和经验等影响学生的阅读兴趣、情感和价值观"④，在教师的指导和带领下，学生能够丰富自身的阅读感受和阅读理解，有了教师参与的共同阅读，学生也可以提高对于阅读的兴趣，这种阅读的体验本身就化成了一种宝贵的资源，让原本零散化的阅

① [苏联]苏霍姆林斯基.给教师的建议[M].北京：教育科学出版，1984：8.
② 傅任敢.《学记》译述[M].上海：上海教育出版社，1962.
③ 叶澜.教育学原理[M].北京：人民教育出版社，2007：292.
④ 朱伟.基于师生共读的"浸润式"主题阅读教学[J].中学语文教学参考，2018（20）：28-29.

读活动变成一种高效率的实践过程。

第三，拉近师生关系，促进交流。学生和教师的关系在课堂上给人的直观感受大多是不平等的，教师依旧是主导者，学生更多是被动接受者。而通过师生共读的形式，可以直观地将教师和学生都放在了学习者和鉴赏者的位置上，在共同探讨交流中，师生地位是平等的，没有对错之分，学生很容易表达出自己的直接感受。教师在"意"的理解上引领学生就某些话题讨论甚至争鸣，并形成精要的旁批夹注，必将使学生对文本有更深刻的认识和理解，有更强烈的记忆和情感体验[①]；在语言和思维的碰撞中，又能够进一步拉近教师与学生的关系。教师以友人和知音的身份与学生共同遨游书海，共同体会着读书的快乐。

（2）教师指导

①指导方法

整本书阅读时间跨度长，学生投入精力大，极容易陷入低效阅读。在这样的现实情况下，需要教师在课堂上对学生进行阅读方法的指导，使得学生在阅读过程中有法可循，从而提高阅读效率。

阅读方法既指一般的读书策略，具有普遍意义的读书方法；也指一些针对性的甚至是个性化的读书方法。从古至今，文人志士总结了多种阅读方法，很多仍被广泛应用于现在的阅读行为中，比如精读法、略读法、跳读法、读写结合法、读思结合法、比较阅读法等。对于不同文本或者是同一种文本的不同题材，学生要能"根据不同的阅读目的，针对不同的阅读材料，灵活运用精读、略读、浏览、速读等阅读方法，提高阅读效率"[②]。而学生要在对这些阅读方法了解掌握的基础上又能够自如地运用借鉴，就需要教师在进行整本书阅读教学之前，对这些方法做理论和实践案例的讲解分析。正所谓"取法于课内，得益于课外"，学生课外的自主阅读有利于将课内所学的阅读方法进行借鉴，做到学以致用。因此，作为阅读工具的阅读方法，不仅是教师教学的重要内容，也是学生学习的必要任务，值得认真学习、熟练掌握和灵活应用。在整本书阅读过程课中，教师需要就阅读的某本书或者某类书做出方法指导。

---

① 王建丰.师生共读：将学生带入灿烂的阅读星空［J］.中国教育学刊，2010（S2）：52-54.
② 中华人民共和国教育部制订.普通语文课程标准（实验）［M］.北京：人民教育出版社，2003:4.

②监督进程

调查表明，大部分教师不曾监督学生的阅读进程，而整本书阅读是漫长的阅读，学生需要教师的监督。整本书阅读因篇幅长、头绪多、容量大，对学生来说，较之单篇文本他们需要付出更大的努力才能完成。尤其是在"短平快"阅读泛滥的时代，静下心来阅读整本书，这对学生来说是一种挑战，需要足够的毅力和耐心。要让学生明白，在整本书阅读过程中阅读意志力的培养是极其重要的。而尝试阅读文字量大的鸿篇巨制、短篇合集，或者敢于接触难度大的学术著作都是培养学生阅读意志力的重要途径，学生坚毅的阅读耐力也许比阅读才华更重要。

在阅读整本书的过程中，由于时间的局限、兴趣的转移或耐力不够，学生很容易出现松懈、放弃、半途而废的现象，导致整本书阅读有始无终，这样的阅读学生难以获得真正属于自己的体验，阅读也就难有成效。那么如何让整本书阅读更有始有终呢？我们可以建立班级阅读量表，规定每天至少阅读二十分钟，学生自主管理，相互监督，个人将每天阅读的时间和页码记录在阅读量表中，以积累阅读时间。苏霍姆林斯基曾说："拥有自由支配的时间，是个性发展的一个重要条件。孩子的素质和天资只有当他每天都有时间从事自行选择的爱好的劳动时才能达到发挥。因此，我们认为该学生提供空余时间就是创造宝贵财富。"①教师可整体规划学生一周内的整本书阅读总时间，每周检查学生的个人阅读量表，以督促学生的阅读进程。

③策划活动

阅读探讨活动化，让整本书阅读教学更为有效。整本书阅读教学除了前期的书目推荐、整体规划外，中期的方法指导、活动策划也是必不可少的活动。在设计活动的过程中，教师除了要考虑活动的趣味性外，更应该考虑活动的知识性。喧嚣热闹是外在的、非第一性的，静心阅读才是内在的、第一性的。因此，活动设计需要注意活动与整本书阅读的密切性。

一是课间十分钟阅读活动。教师可在课间开辟"十分钟阅读"活动，在学生阅读某本书过程中，为班级学生在课间播放一些关于分析这一本书

---

① ［苏联］苏霍姆林斯基.帕夫雷什中学［M］.北京:教育科学出版社,1983:14.

的节目，既可以舒缓学生的上课疲劳，又能充分利用碎片化时间促进学生整本书阅读的兴趣。二是精彩情节表演活动。学生通过准备对白、道具、演绎方式的过程，来获得对书籍内容更深的感受。三是专题交流活动。语文教师设计阅读交流课，就某一本书的某一主题进行交流讨论，充分发挥学生的阅读主体性，在交流中提升学生的口语能力、思辨能力。当然，活动是多样化的。除了以上活动之外，语文教师还可以按照本班学生的学情开展演讲活动、写作活动等。通过活动，促进整本书阅读教学的进程，保证整本书阅读的效果。

3. 整本书阅读总结课

整本书阅读结束后不意味着交流分享的结束、不意味着思维的结束。在学生完成整本书阅读后，语文教师还应该上好整本书阅读总结课。

（1）分享成果

整本书阅读对学生而言是一件充满挑战性的事情。在学生付出努力完成整本书阅读时，需要语文教师组织阅读分享课来给予学生展现自我的平台。《普通高中语文课程标准（2017年版）》中明确指出：整本书阅读，以学生利用课内课外时间自主阅读、记笔记、总结心得和交流讨论为主。不以教师的讲解代替或约束学生的阅读与思考。教师的主要任务是组织学习，提出目标、引导深入思考、讨论与交流。教师应以自己的阅读经验，平等地参与交流、讨论与答疑。①也就是说，教师应该减少灌输式的讲授，善于倾听，善于发现学生阅读整本书的成功经验，充分尊重学生的学习主体地位，大胆放手地让学生积极表现。

学生将自己的整本书阅读过程所得在课堂内展示，包括阅读记录卡、阅读思维导图、阅读创作、手抄报展示、经典语段书法展示等，让每位学生都有展示自己作品的机会。在班级内投票，最终选出"十佳思维导图""十佳读后感"等。

（2）开展评价

评价是教学过程的有机组成部分，它与教学内在地联系在一起。在任何教学活动中，评价都是重要的组成部分，整本书阅读教学也是这样。但

---

① 中华人民共和国教育部制定.普通高中语文课程标准（2017年版）[M].北京: 人民教育出版社, 2017: 13.

是，整本书阅读的评价还没有一个统一的标准，如何进行客观、全面、有效的评价，也是整本书阅读教学需要思考的问题。整本书阅读评价需要注意两个问题。一是注意多角度全方位进行评价。对于整本书阅读的评价，不能单看学生的阅读数量，还要对多个因素进行评价。整本书阅读评价既要关注学生在阅读时的收获，也要关注学生非学业方面的进步。如学生在阅读中体现的阅读兴趣、动机、情感、意志等，这些虽然不直接等同于学生的阅读成果，但是却从侧面对阅读活动有重要的影响作用，而这些因素的提升也是学生语文素养提升的表现。因此，整本书阅读的评价，要关注多方面的内容。二是关注过程性评价。整本书阅读的评价，如果只关注结果，就不能很好地指导学生的阅读活动。要想知道学生在阅读中如何做计划，如何做笔记，又是使用何种阅读方法，阅读中出现了哪些难以解决的问题，这些问题又将如何解决，都需要对学生的阅读过程进行关注和指导，反过来，这些问题的解决，又是学生语文素养提升的重要途径。整本书阅读的评价关注学生的学习过程，可以不断有针对性地调整学习活动，将评价与学习相融合，达到促进学生发展的目的。

下篇　高中阶段不同文本的整本书阅读教学实践

由于整本书阅读正式进入高中语文学习任务群，加上前人对于高中整本书阅读的研究较少，因而高中语文整本书阅读教学就成了当下的热点问题。研究热点问题有助于为当前新生事物朝着良好的方向发展提供一定的参考和借鉴。关于整本书阅读的策略问题，初中学段的研究比较系统完整，小学研究则更多的是在实践操作层面，而高中则涉猎较少。研究最终要归于实践，应用于实践，本篇从高中语文不同文本的整本书阅读教学角度出发，以传记类、学术类、小说类和戏剧类整本书阅读教学为例，探讨教学实践策略，为高中语文教师提供实践教学参考。

一、传记类整本书阅读教学实践

学生对于传记类文本并不陌生，高中语文教材中出现较多，如《苏武传》《廉颇蔺相如列传》等。语文教材中的单篇传记文章在传记的特点、传记的结构以及传记的语言等方面均有所涉及。通过学习单篇课文，学生也能从中积累传记的阅读方法。但是，单篇传记和整本书的传记又存在着很大的差别。在文章篇幅上，整本书的传记就给学生的阅读带来了不小的挑战。若只是简单运用在单篇传记中习得的经验和方法，不足以完全驾驭整本书的传记阅读。因此，语文课堂上进行整本书的传记阅读分析，更利于学生形成对于传记的整体认知，养成整体性阅读的习惯。

（一）抓住传记的基本要素

传记类文本由于其自身的独特之处，高中语文教师在进行整本书阅读指导时应该从传记本身的特点出发，从整本书出发，具备整体意识，抓住传记类文本教学的重点，给予学生在阅读时的指导。目前高中语文教材（以人教版为例）中出现的大多数传记都是人物传记，整本书阅读的推荐书目也是人物传记——《杜甫传》。本书结合当前出现最多的人物传记为例进行传记的基本要素分析，对如何把握传记的基本要素进行探讨，以期达到帮助学生了解传记文本的目的。人物传记的基本要素就是传主的生平、传主的人格。本书以他传为例进行整本书阅读教学策略探讨。

1. 以事件为中心，梳理人物经历

传主的生平是人物传记的重点内容，也是学生在阅读过程中首先要面对的阅读问题。在整本书阅读的过程中，学生首先要具备理清传主生平的能力，包括传主生平大事、对传主产生重要影响的人等等。因而，教师在进行传记类整本书阅读教学的过程中，要提供一定的理论支撑和阅读方法

帮助。

（1）编写小传，理清传主经历

整本书阅读的人物传记多是以篇幅较长的大传为主，其中涉及的人物和事件较多，展现传主一生经历的大事重点突出，在突出重点的同时，也会将一些零碎的小事穿插其中，以起到整体上理解人物性格和行为等方面的作用。例如在《杜甫传》中，前两章都在介绍杜甫的家庭出身和他的童年经历，其中关于家庭出身的叙述就非常复杂，涉及了杜甫的祖先杜审言，以及杜甫母亲支系的人物关系。这些在阅读过程中都是意在说明杜甫的生长环境以及家庭对于杜甫的影响。因此，只要梳理出对杜甫影响最大的人物，即杜审言、杜预，就能基本理清传主的家庭成长经历。编写小传的目的在于让学生对整本书的内容有一个自己的独特的理解，基本理清人物的线索对于后文的具体分析能够起到一个提纲挈领的作用，以便学生做到对文本内容了然于胸。

（2）撰写颁奖词，归纳传主功绩

撰写颁奖词，归纳传主功绩是一种理清人物经历以后进行个人评价的方式，首先需要学生对整本书有一个大致的了解，然后截取重要事件，用一段话或者几个关键词进行简单的概括。在撰写颁奖词的过程中，学生需要对全书的内容有一个大概的掌握，并能通过自己以往的阅读经验和已有的相关知识对于传主本人作出一个初步的评价。学生之间可以通过讨论的方式了解传主在不同人心中的形象。在学生撰写完毕颁奖词以后，教师可以根据具体的颁奖词作出评价，并提供不同的思路，以开阔学生的思维。

（3）绘制"生平地图"，梳理人生经历

人物传记一般都是以时间线索来串联传主的一生。在正式的阅读过程中，语文教师可以鼓励学生打破这种既有的思维方式，鼓励学生在阅读完全书以后，从不同的角度去为传主绘制"人生地图"。《渴望生活：梵高传》一书中，作者欧文·斯通是从时间线索上来追述伟大画家梵高的一生。在已有的前提下，教师可以鼓励学生在阅读完整本书以后根据自己的理解，借助其他的线索为梵高一生的经历绘制出新的"人生地图"。如可以根据梵高不同时期画的风格绘制"生平地图"、可以从梵高内心的矛盾来绘制梵高一生中的那些变与不变，或者还可以从次要人物的角度出发，对梵高不同时期有着重要影响的人的角度来绘制"人生地图"等等。教师可以在梳理故事情节和人物生平的过程中，鼓励学生找到自己的独特角度。

2. 以传主为中心，感受人物人格

人物传记的传主人格是传记作者重要表现的部分，通过分析传主的人格，从中提炼出利于高中生学习的品质，以达到德育的作用。

（1）关注典型事例

传记作者在进行传记创作时所选取的题材具有典型性。传主的一生可能有很多事情发生，大事和小事加起来才是一个人的一生。人物传记的目的不是像日记式的生活分享，而是应该挑选出对于传主来说产生重大影响，或者说最能表现传主性格和精神的事件，只有这样才能达到传记的目的。在《苏东坡传》中作者选取"乌台诗案"这一重大事件，既是在说明这一事件对于苏东坡的一生产生了重大的影响，同时也是为了反映苏东坡豁达乐观的天性。在整本书阅读教学指导过程中，语文教师可以引导学生关注这样的典型事例，培养学生阅读的敏感点，增强他们对于传记文学的阅读，同时学习这种详略得当的写作手法，运用到自己的人物习作中去。

（2）聚焦谋篇布局

每部传记的结构都是有所不同的，不同的结构布局体现出创作者不同的意图。谋篇布局强调作者在进行文本创作的过程中，要根据不同的需求进行相应的创作构思。一般来说，谋篇布局可以分为三种类型：根据主题进行谋篇布局、根据具体材料进行谋篇布局和根据具体的文体进行谋篇布局。整本书阅读教学过程中，语文教师应该引导学生关注著作的谋篇布局，从不同类型的谋篇布局中，感受作者创作的意图。

在传记中，作者一般会从文体的角度进行谋篇布局。传记文体突出表现的是传主的人物个性和成长经历，因此作者在进行谋篇布局时会将重点放在与传主相关的事件或者经历当中。如《杜甫传》按照严格的时间顺序来记叙杜甫的一生，《苏东坡传》则是以苏轼的人生经历为线索。前者忠于杜甫的生平轨迹，而后者则专注于苏轼人生中的重要大事。语文教师在引导学生阅读的过程中可以关注这样的线索，养成对于阅读内容敏锐的观察力，以期达成不同的阅读效果。

（3）次要人物的对比联系

次要人物是人物传记中非常重要的一个要素，阅读过程中除了对传主影响较大的事情以外，还有很多对传主影响重大的人物，我们可以称之为传记中的次要人物。次要人物中有对传主产生积极影响的，也有对传主产生消极影响的。虽然作用不尽相同，但是这些次要人物的出现就是为了与主要人物——传主产生对比的，以达到凸显传主人格的作用。如《杜甫传》中有一些对杜甫影响较大的人，舍自己儿子救杜甫的姑母塑造了宅心仁厚的杜甫，公孙大娘的剑器舞开阔了幼年杜甫的眼界并对其诗歌意象产生了重要影响，天性不羁的李白使杜甫的胸襟豪放，郑虔用他的聪颖启发了杜甫的幽默感……语文教师在进行整本书阅读过程中要引导学生关注文本中出现的次要人物，通过了解次要人物，也能把握传主的性格特征和人格精神。

（4）情景还原策略

古代人物传记在阅读教学过程中最大的问题就是传主当时所处的社会环境离高中生的生活环境相去甚远，因此如何让学生更加真切地了解传记中的人物也是语文教师在进行整本书阅读教学的一大难题。情景还原策略讲究的是营造一个相似的环境，使人仿佛置身于当时的真实情境中，起到切身体会的作用。如在进行《杜甫传》的整本书阅读教学活动时，在时间、距离以及教学条件允许的前提下，可以去长沙的杜甫江阁和成都的杜甫草堂参观，实地感受杜甫生活过的环境，对于杜甫的理解会更加真实。情景还原策略除了去传主曾经生活过的地方以外，可以观看相关的影视作品以实现对于当时社会环境的了解。

（二）品味传记的创作语言

传记的创作语言指的是作者在文本创作过程中所使用的语言，不是文本中人物的对话。研究传记的创作语言能够帮助学生了解作者对于传主的态度、作者本身文化观与传主文化观的碰撞，从而理解传记的主旨和文化价值观。

1. 分析传记中不同人称的使用

传记中的他传一般都是以第三人称为主。传记的创作风格以纪实为主，强调的是必须对真实事件进行选择性记叙。而第三人称有着它特有的好处：相比于第一人称来说更加客观，可信度更高；利于后文叙述的展开，真实自然；更能突出文本的中心，使读者产生共鸣。《苏东坡传》和《渴望生活：梵高传》以第三人称的角度基本上还原了苏轼和梵高两位历史伟大人物的一生。传记中的自传多是以第一人称为主，传主即作者本人，所以运用第一人称的写法，有利于迅速将读者带入作者所处的真实情境中，能够更加理解传主所处的环境，还便于作者抒发自己的感情。《鲁迅自传》和《罗素自传》都是作者本人从第一人称的角度回忆了自己的生平，这样的传记可以让读者更加认可传记本身的真实性。

语文教师在引导学生阅读传记文学作品时，应当利用在课堂所学的单篇传记的知识加上人称使用上的作用和好处，去分析传记中的人称使用，可以试着让学生思考不同人称的表达效果，说明运用这一人称的好处，或者不运用这一人称的原因，帮助学生从真实客观的角度理解使用不同人称的好处，也帮助学生在假设虚拟的环境中得到自己的判断。只有在创设的真实情境中，或者学生所经历的真实情境中，学生才能切身体会其用处和妙处。

2. 严谨客观的纪实性语言

传记最为重要的一点就是真实地还原历史事件。传记作者在进行相关历史事件的描写和叙述时，尤为注重语言的严谨性，特别是涉及日期、时间以及参与人数等精确问题时。如《史记·高祖本纪》叙述垓下之战，语言的运用精妙而又严谨，"五年，高祖与诸侯兵共击楚军"说明了垓下之战的准确时间，"淮阴侯将三十万自当之"则说明了当时双方兵力的人数，而"项羽之卒可十万"则说明了项羽方死伤的人数，关于战争的具体信息便跃然纸上。

（1）介绍纪实性语言以扫除阅读障碍

纪实性语言有其自身的特点，相对于历史著作来说，传记语言要生动活泼得多，但是阅读起来还是会与小说、散文等文本存在一定的差距。高中生除了高中语文教材中的传记类文章以外，在平时的阅读中极少涉及古文版的传记文学，尤其是像《史记》这样的大部头著作，很多高中生往往用阅读时间不够的借口来推脱，其实有一部分是因为纪实性语言的晦涩难懂。因而，语文教师的主要任务就是介绍相关的纪实性语言的文章以扫除阅读障碍，激发学生阅读的兴趣。具体方法：首先用现代的人物传记打破这样的思维定式，用通俗易懂的人物传记吸引学生的关注，其次挑选有趣的纪实性语言进行课堂分析讲解以此来强化学生对于这类语言的理解，最后可以让学生对纪实性语言进行个人改写，在改写过程中鼓励学生在尊重原著的情况下使用当下的通俗语言等。根据不同的传记文本采用不同的方法，在理解传记文学的过程中培养学生对于阅读整本书的兴趣。

（2）补充相关的史实资料

严谨的语言大多数时候会表现为精练，这时候当学生出现对于纪实性语言存在问题的时候，语文教师可以介绍相关的史实知识以打破阅读障碍。史实资料一般可以分为文献史料、实物史料和口述史料。学生可以通过查阅相关书籍，或者上网检索资料的方式，进行相关的史料搜集。语文教师需要为学生明确需要哪些类型的史料，或者为学生提供一些查阅史料的途径和思路等等。例如在阅读《史记》时，教师可以先进行补充阅读，如《报任安书》，帮助学生理解司马迁的生死义利观。

（3）多次反复阅读，由浅入深

传记记录的人物和事件离学生的生活环境相去甚远，其中的纪实性语言需要学生反复阅读去理解，在不断地阅读理解和补充资料的过程中进一步理解这种严谨的纪实性语言。每一遍阅读的过程都是一次对于传主人物特征和传记语言的深入体会，语文教师应该在学生不同层次的阅读过程中，帮助学生明确每次阅读的目标以及阅读的整体目标。不同的阅读过程带给学生的是不同的体会，初读、再读、略读、精读等，不同层次的目标以及不同次数的阅读能给学生不一样的感受和体会，对于传记中的人物和语言也能有更加深入透彻的理解。

3. 生动传神的文学性语言

不同类型的传记作品在创作的过程中也会运用到不同的文学性语言。《史记》虽然有丰富的历史研究价值，但是司马迁在创作《史记》的过程中也加入了细致传神的小说笔法等，成功塑造了各种不同类型的人物角色。文学性语言的加入不仅不会使传记丧失纪实的功能，还会使传记的细节大放异彩，为传记的真实生动性加入一些有益的"添加剂"。语文教师引导学生感受不同语言风格的作用，体会传主形象，感受作者的创作意图。

（1）散文式的语言，凝练优美

散文的语言一般都是"准确鲜明、生动形象、富有表现力，句式可骈可散、参差错落，文采绚烂，意境深邃"[①]。运用这样的散文式语言，使得传记文读起来既有散文式语言的优美，又有传记式语言的真实性，更能使读者身临其境感受传记中的历史环境。《苏东坡传》的作者林语堂是著名的散文大家，他的作品具有明显的散文化倾向。在创作这部传记时，他加入了很多自己对于人生的感悟以及他的人格中所独有的幽默风趣，使得读者读起来既能感受苏轼本人的豁达乐观，又能够从细节语言中感受林语堂本人的人生态度。

（2）诗意的语言，情感真挚

在我们已有的阅读体验中，诗歌的语言是极富抒情性的，如《诗经》《楚辞》等都是一些韵律性极强的诗歌，它们能够将读者带入一个极美极真的世界，描绘出一幅情真意切的画面。传记文学运用诗意的语言，实则也是将传主的经历更加真实还原在读者面前，同时又极具浪漫色彩。《杜甫传》的作者冯至本身也是一位诗人，因此二人的共同"结合"被称为是"一颗诗心对另一颗诗心的深挚关照，是一位诗人对另一位诗人的遥思和凭吊"[②]。

（3）小说式的语言，细致传神

情节的曲折、人物的典型往往是小说吸引一大批读者的原因。有研究表明，中小学生所喜爱的阅读文本中，小说的喜爱程度居首位。传记使用小说式的语言，既是打破单一的纪实性语言，为传记增加更强的阅读性，也是将枯燥的历史转变成活泼生动的历史故事。《史记》作为正史，其中也有非常多小说式的语言。由于当时可供参考的资料比较少又加上记录历史的条件比较差，司马迁在创作的过程中，也会根据对于具体情节的合理推测加入自己的想象，为历史人物或者历史事件设计出符合人物性格的语言。此外，描写人物心理活动、戏剧性场面等也为《史记》的阅读增加了明显的可读性。

---

① 参见周庆元. 语文教育研究概论［M］. 长沙:湖南人民出版社, 2010.
② 参见蒋雁鸣. 整本书阅读教学工作坊［M］. 长沙:湖南教育出版社, 2018.

（三）鉴赏传记的创作手法

虽然不同的传记有自己不同的创作手法，但是传记一般也会有共有的创作手法，例如在选材上、叙事上、文采上等等。研究传记的一般创作手法，可以帮助学生在阅读过程中更加深入理解人物形象和作者的创作意图，积累传记阅读的经验，并运用于其他的传记阅读中。

1. 选材典型是关键

传记的选材不是随便选取的，而是根据人物的特点和叙事的需要挑选出来的典型事例和人物，意在通过典型的事例和人物，凸显传主的人格特征，或者对于传主人生轨迹的影响。冯至在《杜甫传》中叙述杜甫的"童年"一部分时，讲到童年六岁的杜甫曾见过"浑脱舞"，尤其是公孙大娘的"剑器舞"。这种舞是从当时的西域传到唐朝的，并且这种舞蹈狂野不羁，由具有极强雄浑力量的舞女演示。这件事情看起来微不足道，但是却恰恰说明当时唐朝的开放自由以及对于幼年杜甫的影响。此后在杜甫的诗中常常出现"凤凰"等意象，这在很大程度上就是受当时公孙大娘的剑器舞所影响。此外，杜甫幼年时开放自由的唐朝与他晚年所经历的"国破山河"相比，实在相去甚远，也说明不同的社会环境铸就出来的人物性格是不一样的。杜甫的一生是从"放荡齐赵间，裘马颇清狂"转变为贫困交加、流离颠沛的一生。

在阅读不同的传记过程中，语文教师可以引导学生为传主梳理对其产生过重要影响的事情和人物，放在传主的真实情境中理解选取这些特定事例的缘由，深入理解传主的性格和人格等。

2. 叙事线索是特色

传记的叙事线索能够反映创作者对于传主一生的追述，不同的叙事线索表现的是传记不同的叙事主题。掌握传记的叙事线索有利于学生对于传主生平经历的理解，也能够帮助学生了解作者对于传主的态度——从着墨较多的章节和着墨较少的章节能够看出作者的态度。同时，不同的叙事线索是不同的侧重点，通过分析叙事线索的不同，可以帮助学生了解传记的撰写方式和风格，积累传记阅读的经验。

传记的叙事线索有按照时间线索的，如《杜甫传》《苏东坡传》等都是按照传主本人的人生经历来编排的。这样的叙事线索，有利于学生初步了解传主本人的大致人生轨迹，同时在不同的阶段可以了解传主的性格发展以及对于传主来说重要的人和事，结构清晰明了，是一种最常用的叙事线索。

此外，还有以中心人物为线索的，如《史记》中的"十二本纪""三十世家"等都是以中心人物为叙事线索，这种叙事线索也明显存在于其他人物传记类作品当中。这种叙事线索的好处就是始终围绕主要人物进行传记的撰写，其中的环境和次要人物都在凸显主要人物的性格特征和人格特点。其他的如以物的特点为线索的，多出现在历史传记中，如《史记》中的"十表"记录的就是发生在黄帝至汉武帝期间的十件大事，完全是围绕事情的发展来叙述的，以事情的起因、经过、高潮和结尾为叙事的结构，充分反映事情的发展过程。以情感发展变化为线索的传记则是注重于传主的情感变化过程，这类传记偏文学性，属于"以文入史，文史兼容"。

3. 讲究文采是补充

讲究文采涉及的是传记在撰写过程中，作者会使用生动的语言、准确的表达等来进行作品创作。传记并非就是完全再现历史事件，它也非常讲究语言艺术，讲究艺术效果。生动的语言描写相比枯燥的史实记录，会更加吸引人的关注，会使传记中的人物和事件生动，为传记的发展的增添了一道靓丽的色彩。

司马迁在《史记》中运用大量的细节描写刻画人物，也大量描绘戏剧性情节，让书中人物形象深入人心。《苏东坡传》的散文式语言给其带了真实自然又充满文学魅力的效果，使得苏轼天性上的乐观得到了像散文式的自由发展。[①]

4. 关注特殊手法

传记中除了一般的创作手法以外，也会有属于自己的特殊的创作手法。例如《史记》中的"互见法"、《杜甫传》中的"以杜解杜法"、《春秋》中的"春秋笔法"等等。使用不同的手法会折射出创作者不同的

---

① 参见王晶. 用"非正文"阅读打开整本书阅读的大门——《苏东坡传》读前引导 [J]. 中学语文教学参考, 2018(34).

意图，也是这位作者作出的创新。

"互见法"又称"旁见侧出法"，为了弥补纪传体本身对于人物描写客观性的不足，司马迁创造了一种新的传记叙述方式——"互见法"，这种方式的使用，就是把历史事件或人物活动分散在不同的篇章当中，但不同的篇章会从不同的角度说明同一人物或事件的不同侧面，以求达到对人物的客观描述。在一个人物的传记中着重表现他的主要特征，而别人的传记中表现他的其他特征，即"本传晦之"而"他传发之"。①如在《项羽本纪》中主要表现项羽的英雄气概和豪情壮志，而在《淮阴侯列传》中则借他人之口指出项羽性格上的缺点和所犯下的军事政治错误。这种手法能够让人物的刻画更加立体形象，能够从多角度去了解历史上的人物，创作者的态度也就更加客观。

教师在这部分进行阅读指导时，注意给学生知识上的梳理，利用相关作品进行补充阅读，并且提高学生对于不同创作手法的理解能力，抓住传记的创作手法，能使学生理解作者创作意图，达到传记教学的目的。

（四）领会作者的创作态度

传记的作者在创作一部传记的时候，始终都是带着自己的感情色彩，或褒，或贬，或同情，或理解，或厌恶，或客观……不论什么样的态度，传记作者都是通过自己在其中叙述的语言、选材上的精巧以及夹杂在其中的议论或评价，表达创作者本身的创作态度。研究作者的创作态度，实际上也是了解传主本人的一种方式，是学习领会传主人格的一种方式，通过领会作者的创作态度，能够提高学生的思维分辨能力，调动学生对于传记的个人理解，以做到在"无疑处生疑，有疑处释疑"，这恰恰符合课程标准中"思维与发展"对于高中生"辩证思维、逻辑思维和创造思维发展的要求"，以达到"促进深刻性、敏捷性、灵活性、批判性和独创性等思维品质的提升"②的目的。

传记创作主体的不同，其中表达创作者态度的方式也不同。因此，在

---

① 参见蒋雁鸣.整本书阅读教学工作坊［M］.长沙：湖南教育出版社，2018.
② 参见中国人民共和国教育部制定.普通高中语文课程标准（2017 年版）［M］.北京:人民教育出版社，2017.

讨论创作者态度的过程中，应该注意区分自传和他传的不同。

1. 传主非作者

传主非作者讨论的是他传传记的作者的创作态度。在他传中，作者的态度是隐于文中，通常都不是直接传达给读者，以客观为主，但是有时候也会带有个人的感情色彩。

（1）作者的语言风格或语言倾向

传记中由作者选择的语言风格大多是由于作者自身的文化底蕴和对于传主的态度等因素决定。因此，通过分析传记的语言风格或者语言倾向，可以了解作者对于传主本人的态度。在《苏东坡传》中，林语堂运用的是散文式的语言，这种语言既与林语堂自身的创作风格有关，同时也表现了作者对于苏轼本人的态度。林语堂在《苏东坡传·序》中这样谈及对于苏轼本人的态度："我认为我完全知道苏东坡，因为我了解他。我了解他，是因为我喜欢他。"[①]通过研究林语堂的语言风格，可以了解他是喜欢苏轼的，因而对于苏轼的一切遭遇也是同情和理解的。

（2）选取的素材

作者选取不同的素材意在表现人物不同的性格。当作者选取积极向上、极具伟大精神的典型事例时，主要是为了表现人物的伟大精神，即使没有评价性语言，但是在我们眼中，作者传达的就是对于传主本人的赞扬和肯定。当作者选取的是消极甚至是不好的素材时，目的就是为了展现人物的缺点。在《杜甫传》中作者选取杜甫与李白的情谊，意在说明杜甫受李白的影响也具有豪放的胸襟，这是一种对于杜甫本身品格的赞扬。但是，作者又选取了杜甫为房琯（音同）冒死进谏的事件，但是历史上的房琯却不是一个正直为民的官，可在当时的社会环境中，杜甫还没有这种正确辨认的能力。作者选取这样的事例和人物，也就是说明，真实的杜甫并非十全十美的为人，在生活中，他也会犯下和普通人一样的错误。不同的选材，最终的目的都是为了使人物的性格和品质更加完善，人物形象更饱满。

---

① 林语堂. 苏东坡传 [M]. 杭州: 浙江文艺出版社. 2014: 1.

（3）作者引用他人对传主的评价

引用的作用之一就是作者为自己的论证提供更加充分的论据。人物传记为了表现人物的特点，往往引用名人、伟人的评价，这些评价就是对于人物主要特点的概括。[①]引用别人对于传主的评价可以使得传主的人格更加饱满，阅读者可以通过不同人对于传主的评价，从而对于传主的个性特征有一个更加全面和客观的认识。语文教师在指导学生进行传记类的整本书阅读活动时，注意引导学生关注书中的评价性语言，从全面、整体、客观的角度去理解学习内容，是语文教师向学生传达的学习理念。

（4）作者对传主议论性的评价

有些传记中会存在一些对于传主的议论性评价，这些评价的加入意在说明作者对于传主的态度和看法。除了一些议论性评价以外，传记中也会收录一些其他的相关文章表现传主的性格特征。如《杜甫传》附录二的《白发生青丝》一文是冯至为杜甫的晚年所撰写的一篇小说，虽然这并不属于传记的记叙风格，但正如冯至本人所说："在书的体例上似乎不伦不类，并且与《杜甫传·前记》中所提出的要求大相径庭，但用另一种文笔，从另一种角度，来表达我对于杜甫的某些看法，也不是没有意义的。"[②]

通过分析他传中的不同类型的细节部分，都是帮助学生阅读过程中了解传记主体、传记人物性格以及作者对于传主本身的态度。教师应该在整本书阅读教学的过程中，引导学生主动进行分析，形成阅读传记类文本的一系列方法。

2. 传主即作者

传主即作者，讨论的是自传传记的作者的创作态度。一般自传中，作者对于个人的看法都是隐藏在他所展现的事件和人物当中，其中不仅有对自身过往的追忆，更有一种对于自身人生的反思和探索。在这样的过程中，语文教师首先应该强调学生注意传主即作者本身的人生经历，这在很大程度上表现的是传主创作传记的缘由和目的。其次，关注传主在传记中对于过往事情的态度以及选取事件的目的，在这些素材中，传主本身就是

---

① 王永林. 人物传记类文本的教学价值与策略探究 [J]. 江苏教育研究. 2018 (Z5)：87.
② 冯至. 杜甫传 [M]. 天津：百花文艺出版社, 1999: 202.

在说明当时自己的心情、人格特征以及对于自己生活的重大影响。最后，关注传主进行的关于自我和人生的反思，自传一般都是传主本人对于自己人生的回顾和总结，因此从这样的反思和回顾中，也是表现出传主本人对于自己一生中的一种总结。

语文教师在进行传记类整本书阅读教学活动时，应该注意让学生区分不同传记中作者的态度，养成分类意识，也是让学生掌握不同的阅读方法。

二、学术类整本书阅读教学实践

学术类文本是高中整本书阅读的另一种文本。对于学术类文本的阅读要求，高中语文课程标准中有着较为详细的规定："在制定范围内选择阅读一本学术著作。通读全文，勾画圈点，争取读懂；梳理全书大纲小目及关联，作出全书提要；把握书中的重要观点和作品的价值取向。阅读与本书相关的资料，了解本书的学术思想及学术价值。通过反复阅读和思考，探究本书的语言特点和论述逻辑。"①

学术著作由于其自身的学术价值而有非常大的阅读价值，语文教师在进行学术类著作的整本书阅读教学时，首先应该理清有关学术类文本的特点以及学生在哪些方面存在的问题，其次就是根据语文课程标准对于学术类著作的阅读要求和学生可能在阅读过程中产生的问题进行针对性的指导。学术类文本相对于小说类和传记类文本来说，是比较难懂的，因此教师的指导在学术类文本的阅读过程中，就显得尤为重要了。

（一）兴趣入手，引导学生走进学术殿堂

根据美国认知教育心理学家奥苏贝尔的成就动机理论，兴趣属于认知内驱力，这是一种学生渴望了解和理解，要求掌握知识以及系统地阐述问题并解决问题的倾向，在有意义学习中，这是最重要而稳定的动机，一般可以通过好奇的倾向而产生。在学术著作整本书阅读教学中，激发学生对学术著作的阅读兴趣至关重要，是学术著作整本书阅读能够有效实施的前提和关键所在。

---

① 参见中华人民共和国教育部制定. 普通高中语文课程标准（2017 年版）[M]. 北京:人民教育出版社, 2017.

1. 以课文为抓手，导读学术著作

学术类作品对学生而言相对陌生，学术著作本身又理论性强，趣味不足，学生对学术著作不感兴趣，阅读整本的学术著作更是挑战重重。高中生学业压力大，要在有限的时间和精力内，用最经济的原则，激发学生阅读整本学术著作的兴趣，从课文入手，乃是上策。

在高中语文教材中有很多选自学术著作的课文，教师可以根据学生的学情和这些学术著作的特点，选取适合高中生阅读的学术著作进行统一阅读教学，以单篇课文教学带动整本学术著作阅读教学，实现课内课外的有机融合。

在高中语文教材系统中，选文所占比例最大的是文学类作品包括小说、诗歌、散文、戏剧等，其中不乏经典之作，亦不乏对这些经典之作的品评类著作，这些评论性著作极具学术价值，又与学生已经阅读过的感兴趣的文学作品相联系，阅读这样的学术著作，能够带给学生熟悉感，拉近学生与学术著作的心理距离，使学生乐意研读学术著作。例如，高中语文中有节选自《红楼梦》的课文《林黛玉进贾府》，由单篇课文拓展联系阅读整本《红楼梦》，这属于整本书阅读大类中的小说类整本书阅读。小说的整本书阅读关注的是故事情节的发展、人物形象的塑造、环境的描写和渲染。若想实现更有深度、更系统、更专业的解读高度，就需要借助评论性著作，如周汝昌的《红楼梦新证》、俞平伯的《红楼梦研究》、张爱玲的《红学梦魇》、李希凡的《红楼梦评论集》以及当代学者欧丽娟的《红楼梦立体人物论》等。把这类学术著作纳入学术著作整本书阅读中，与小说阅读相结合，既可以激发学生阅读学术著作的兴趣，又可以深化学生对小说的理解，在教学设计上浑然一体，可谓事半功倍。

《义务教育语文课程标准（2003版）》在"课程的基本理念"部分指出："注意跨学科学习和现代科技手段的运用"。《普通高中语文课程标准（2001版）》也明确要求"加强与其他课程的沟通""注重跨领域学习，拓展语文的学习范围"。朱绍禹先生也提出："语文课程一向以其普遍性的特征成为其他学科的基础。"跨学科学习，一直都是语文课程所秉持的理念。学术著作的整本书阅读，可以与历史、政治等学科相联系，在这些科目中经常引用学术著作，如历史书中经常引用黄仁宇的《万历十五年》、斯塔夫里阿诺斯的《全球通史》、政治中常引用的马克思、恩格斯的《资本论》等学术著作，都可以列入高中学术著作整本书阅读的备选书目。在跨学科学习中，学生可以借助其他学科的知识，对学术著作有更深刻的认识。例如，在具备历史视域的基础上阅读《万历十五年》，学生会对明朝的社会问题有更深刻的理解，这种深度理解与语文学科结合后，能够催生学生对历史、对社会新的认识，在学术著作整本书阅读教学中也能够进行更有深度的探索。当然，语文学科的学术著作整本书阅读教学要为语文学科服务，而不是变成历史探讨课、政治评论课。作为一门语文课程，整本书阅读教学还是要以语言为核心。关注其学术著作中语言的建构与运用，作者的思考方式、作品中的文化背景等，否则就是"肥了别人的田、荒了自己的地"。

2. 以教师为课程，领读学术著作

雅思贝尔斯说："教育是一棵树摇动另一棵树，一朵云推动另一朵云，一个灵魂唤醒另一个灵魂。"[①]激发学生对学术著作整本书阅读的兴趣，最有效的不是各种形之于表的策略手段，而是教师"润物细无声"的熏陶。

教师是最重要的课程。对于学生而言，语文教师就是语文学科的形象代言人，教师的言行举止都在潜移默化中影响着学生。灵动富有激情的教师能创造出有活力、有情趣的学习氛围，才华横溢侃侃而谈的教师能使学生对知识无限向往。教师喜欢诗词，学生亦常感受诗词之美。教师擅长写作，学生常对写作热情洋溢。若想学生对阅读整本学术著作感兴趣，教师首先要以身作则，去领读学术著作。汤勇说："当前中国教育最大的问题就是教师不读书。"[②]如果教师能够常读学术著作，爱读学术著作，多在日常教学中就学术著作的观点与学生进行交流，那么，久而久之，学生自然会对阅读学术著作产生兴趣。

教师是语文课程资源的载体。如果想给学生一杯水，教师至少要有一池水，最好拥有源头活水。学术著作整本书阅读对于学生而言是巨大的挑战，对于教师而言，学术著作的整本书阅读教学更有"山高路远体弱"之

① ［德］卡尔·雅思贝尔斯. 什么是教育［M］. 北京:生活·读书·新知三联书店,1991:42.
② 汤勇. 致教育［M］. 武汉:长江文艺出版社,2017:3.

难。如果想在学术著作整本书阅读教学中得心应手，教师首先要阅读大量的学术著作，提升自己的学术修养，对学术著作的书目推荐、阅读方法、阅读重难点谙熟于心。要注意的是，教师的学术著作整本书阅读与一般意义上的学术著作整本书阅读不同。教师的整本书阅读以语文课程的开发为目的，要对学术著作整本书阅读教学的教学目标、教学过程、教学内容、教学评价等要素进行深入研究并尝试开发。

教师在阅读整本学术著作时要首先确定好教学目标，也就是确定所阅读的整本学术著作的教学价值，即为什么要让学生去阅读这本书，学生读完有会什么收获。其次，要明确学术著作整本书阅读的教学内容，即选择可供学生学习的阅读资源。学生面对一本书时，不知道该采用怎样的阅读方式，完成怎样的阅读任务。而这些问题的解决必须立足于教师将一本学术著作读透的基础上，如此方能把握好每节课、每个环节在课程方案中的位置，在课堂教学中通权达变，以任意起点、任意终点、任意路径都能令学生从对话讨论中发现有价值的思想，生成有用的知识，在无拘无束的讨论中增进学生阅读学术著作的兴趣，领悟阅读整本学术著作的方法，否则将难以发挥学术著作整本书阅读教学的效果。因此，在针对一本学术著作进行整本书阅读教学前，教师要对作品背景、相关著作、评论性著作文献有足够的了解。只有比学生更高更广的视域，教师才可能保证学术著作整本书阅读教学活动顺利进行。换言之，先阅读以"育己"，方可导读以"育人"。

3. 以名家为导引，选读学术著作

从某种意义上讲，学术著作整本书阅读也可以看作是一种商品销售，其销售对象是高中生，语文教师是销售活动的策划人，语文教师所要做的就是把这种不容易被销售对象接受但极具价值可以令消费者受益无穷的产品推销给学生，针对学术著作的整本书阅读教学则可视为在产品销售中对这一商品的优化使用给予指导，销售所获利润就是每位学生学术修养的培养、思维能力的提升、阅读方法的掌握和潜在的国家未来文化软实力的飞跃。

早在 20 世纪初，名人代言就成为重要的广告策略。借助名人效应而获取巨大商业利益的案例不胜枚举。借助名人效应，是引导学生学术著作整本书阅读的有效手段。所谓名人效应，是名人的出现所达成的引人注意、强化事物、扩大影响的效应，或人们模仿名人的心理现象的统称。①《战国策·燕策》就有借助此现象推广营销的故事，名人代言广告能够刺激消费，名人出席慈善活动能够产生广泛的社会影响力。高中生处于后青春期，对于社会中的名家名人有一种天然关注与崇拜。如果能把这种名人效应与高中生学术著作整本书阅读相结合，必然能有效调动学生阅读学术著作的兴趣。

随着《全民阅读促进条例（草案）》的通过，"全民阅读"成为社会热潮。诸多名人名家开始为阅读代言，在阅读盛会——"中国读友读品节"中，刘慈欣、蒋勋、麦家、辛夷坞、大冰、雷军、曹文轩、蒋方舟、张德芬、刘同、李健、刘强东、卢勤、关晓彤等先后担任阅读代言人，这些名人中，许多为高中生所喜爱。在他们的荐读书目中不乏学术著作的身影，如《宅兹中国：重建有关"中国"的历史论述》（葛兆光著）、《可操作的民主：罗伯特议事规则下乡全纪录》（寇延丁、袁天鹏著）、《理解媒介：论人的延伸》（［加拿大］马歇尔·麦克卢汉著、何道宽译）、《国家为何而战：过去与未来的战争动机》（［美］理查德·内德·勒博著，陈定定等译）等。②这些名人或具有较深的专业造诣，或有广泛的人气，具有促进阅读的知名度、可靠性和说服力，选择这些名人名家代言的学术著作，能够增加学生对这些学术著作的认可度和接受度，影响学生的阅读偏好，激发学生阅读学术著作的兴趣。

除了阅读名家推荐的学术著作之外，选读名家名人所著的学术著作，也是利用名人效应的好办法。撰写学术著作的学者多苦心孤诣、深入简出、知名度较低。随着《百家讲坛》《中国诗词大会》《朗读者》《经典咏流传》《见字如面》《一本好书》等一批优秀文化类节目的热播，原本处于学术殿堂中的刘心武、蒙曼、杨雨、康正、王立群、郦波、朱大可等学术专家走入大众视野并深受观众喜爱。这些名家的学术著作中颇有一些具有较高学术价值的著作，阅读这些学术著作能够让学生加深对这些学者的了解，与学生的意愿吻合。此外，阅读当地学者名人所著的学术著作也

① 名人效应_360百科 https://baike. so. com/doc/5336799-5572238. html.
② 首届中国读友读品节：108 种指定读品名单出炉http://www. huaxia. com/zhwh/whxx/2014/04/3851697_4. html.

是一种好途径。

学术著作逻辑性强、义理深奥，阅读学术著作容易陷入枯燥乏味的泥潭。如果在阅读教学活动中，能把名家名人的著作或者故事相联系。借此作为引导，解读学术著作，必然妙趣横生。例如，阅读《万历十五年》与郦波教授讲《明朝那些事儿》相结合，阅读《新媒体与社会》与当前的"鹿晗现象"结合，这样的学术著作整本书阅读教学，定然能使得学生兴趣盎然、回味无穷。

4. 以传媒为载体，研读学术著作

传媒是指传播信息的媒介和手段。在互联网时代，网络成为最主要的传媒工具，也是最具吸引力的传媒手段。随着信息技术的进一步发展，数字化阅读、新媒体阅读已经是不可逆转的大势。长期以来，这种阅读方式多被冠以碎片化阅读、浅表化阅读的代名词。事实上，深阅读与浅阅读并不是由阅读载体决定的，而取决于读者对待阅读的态度、阅读中的思考深度或阅读中的思考和感悟程度。[①]在"低头族""上网族"日益增多的大环境中，如果能合理引导利用丰富多样的传媒手段，把这些有益于学生的活动借助更具吸引力的方式呈现，对学生的发展益处颇多。

传统的纸媒阅读中，让学生能够每人拥有同一本书，对教师而言是颇为头疼的问题。数字化阅读时代，教师可以轻易地将要阅读的学术著作以电子版分享给学生。人人有书可读，这是深度研读学术著作的基础。若想让学生达到研读状态，就必须要求学生的阅读是"深阅读"。这是一种读者在原有知识经验基础上，主动地全新理解、内化阅读内容，批判理解，启发性地重构知识，开拓新的意义领域，实现迁移和创新的活动的过程。深阅读的核心价值取向和最终目标是实现创新。[②]

实现深阅读，首先要给予学生"沉浸式阅读"的时间和空间。电子媒体阅读最大的阻碍就是信息干扰。借助电子媒介进行学术著作整本书阅读首先要保持安静的阅读状态，不能有各式弹窗广告的干扰。这应该是一种无网状态下的阅读，借助Kindle或者蜗牛读书APP都是良好的选择。在阅读的过程中要及时做笔记，记录下自己的存疑之处以及阅读中产生的新

---

① 转引自李凡捷、李桂华. "深阅读"之争议与再思考[J]. 国家图书馆学刊, 2017 (06)：17.
② 吴健. 大学生数字化深阅读研究 [D]. 江苏师范大学, 2017：29.

的想法。其次，要主动借助互联网中海量的信息资源解决阅读中的疑难之处。互联网中的信息数量庞大、良莠不齐。要学会掌握选取信息的方法，判断资料的价值。在解难析疑后，根据自己的知识和经验尝试对著作作出评价。在此基础上，阅读该著作的相关评论性作品，重新思考自己的评论是否具有合理性，并以读书笔记的形式把自己最终的阅读思考成果记录下来。

互动性和共享性是互联网的主要特点，互联网时代，我们不是单向的信息受众，还可以是信息的发布者。借助微信、QQ、微博等社交工具，可以突破时间和空间的限制，发表自己阅读学术著作后的感受，并且可以实现信息的共享。由此，微信作文、网络作业等方式也流行起来。这些方式操作简单、反应速度快、可共享，非常受师生喜爱。如教师在班级群中发要求，用一句话描述你阅读完《万历十五年》的感受，学生可以在几分钟之内作出回应，并同时看到其他同学的回答。教师只需要动动手指就可以对学生的阅读情况做出了解和判断，还可以及时交流点评，大大节约了时间成本和物质成本，这种高效的评论和点评对学生阅读学术著作又有另一重促进作用。

（二）教研结合，探索有效的阅读课型

研究性是学术著作整本书阅读教学最鲜明的特征之一。这既体现为学术著作与生俱来的研究属性，又意味着学术著作整本书阅读教学中要引导学生以研究的态度、研究的方法去深入解读学术著作。由于教师和学生对学术著作整本书阅读教学都比较陌生，学术著作整本书阅读的课型也需要不断探索。整本学术著作的阅读过程持续时间较长，那么，学术著作整本书阅读的课堂教学也应该与学生的阅读进程保持一致。据此，笔者提出了时间上不连续但逻辑上相联系的四种课型。

1.学术著作阅读方法指导课

学生在中学阶段的阅读，以单篇阅读为主，有限的整本书阅读经验，也仅仅止步于小说阅读。对于整本的学术著作，学生几乎没有接触。学术著作不同于小说、诗歌之类的文学作品，阅读方法也大不相同。因此，在正式阅读学术著作前，要安排学术著作阅读方法指导课。

学术著作阅读方法指导课的主要目的是给予学生阅读整本学术著作的方法指导，培养学生阅读整本学术著作的兴趣和能力。从宏观上看，学术著作是研究者就某一问题进行深入研究后，对其做出的创新成果而作的合乎逻辑的阐述，其最核心的特点是创新性和逻辑性。因此，学术著作的阅读，最重要的是找出该著作中论述的核心命题和作者的创新之处以及作者是如何逻辑严密地对该命题进行论述的。只要把握住这三点，也就把握了学术著作整本书阅读的精髓。

具体而言，第一，每部学术著作阅读之初，都要了解作者的学术背景、创作背景、该著作的学术地位以及同类著作，在此基础上进行版本选择。通过这些补充信息增加学生对该学术著作的认识，激发阅读兴趣，促使阅读过程更加优质高效。第二，注重阅读序言、目录、注释、参考文献中体现的信息，尝试对书中论证的命题与作者的观点进行预测。第三，以研究者的视角走进学术著作，对作者所研究的问题结合自己的知识和经验进行思考，对作者的研究方法、观点、佐证材料做出评判和补充。在阅读过程中要圈点勾画，对不理解之处做标记，多回读思考并与其他人交流，这些评点与交流的成果也许就是颇具学术价值创新点。第四，阅读结束后，以笔记的形式整理出该书的主要观点、创新之处、论述逻辑和论述语言上的特色以及自己的阅读感受，对待存疑之处，再次阅读思考。第五，阅读与该学术著作相关的书评，对这些书评做出自己的评价和补充，尝试自己写出书评。此外，在学术著作整本书阅读指导课中，还要对学生的阅读进度做出统一安排，以方便学术著作整本书阅读教学的整体开展。

2. 学术著作阅读交流研讨课

由于学术著作整本书阅读所需要的时间较长，加之学术著作本身义理深奥而趣味不足，学生非常容易在阅读中半途而废。因此，在阅读过程中以学术著作阅读交流研讨课来实现促进和监督阅读的目的是必要的。学术著作阅读交流研讨课的目标主要是通过学生之间的交流、师生之间的交流，了解学生阅读学术著作情况，了解学生对所读著作的存疑之处和观点看法，掌握学生的疑点难点和学生的理解水平、思考方式，据此设计和调整自己的教学方案。另一方面，在交流研讨中可以集合群体力量，解决阅读中的疑问，给予学生发表观点和质疑争辩的机会，以此加深学生对该学术著作的理解和认识，促使学生兴致勃勃地地逐步走入深度阅读，调动学生的阅读积极性。此外，学术著作交流讨论必须以阅读学术著作为前提，阅读过程中的阅读交流讨论课就可以无形中对学生的阅读进度集体监督，让懒于阅读的学生也能打开学术著作、了解学术著作。但要注意的是，每次的学术著作阅读讨论课都要根据大部分学生的阅读能力做出讨论范围的规定，保障阅读交流讨论的有效进行。

根据 2017 版新课标的规定，整本书阅读是学习任务群之一。在学习任务群中，学生是主体，学生活动占重要地位。对于学术著作阅读交流讨论课而言，以小组活动的方式组织课堂教学是一种非常有效的手段。在上课之前，教师要把学生的疑难问题以小组的形式收集起来，整理出其中存疑最多的问题，以及最具价值的问题。根据具体情况，教师可以补充一些能引起学生兴趣并加深对学术著作理解的问题。以搜集问题的结果为基础进行备课准备。在课堂上，就相关问题，以小组为单位，相互讨论，自由发表意见。在充分讨论的基础上，各小组归纳小结并整合思路，将原本的疑难问题变成系统化的知识，派代表阐述每组的观点见解。教师以对话者的身份参与其中，对于学生认识能力有限的问题，给予提示性发言质疑，引导学生的思维向深处发展。在整个过程中，采用自主、合作、研究的学习方式，充分发挥学生的主体作用。

3. 学术著作阅读汇报评议课

在学生阅读完整本学术著作之后，对所阅读的学术著作已经有了整体上的认识，加之阅读过程中交流讨论课的铺垫，学生已经初步具备对所阅读的学术著作深入思考评价的基础。由此，学术著作阅读汇报评议课应运而生。学术著作阅读汇报评议课要求学生对阅读学术著作的成果做出汇报，汇报的内容至少包括两个方面。第一，整理出所阅读学术著作的核心观点、创新之处、论证逻辑和语言特色等。这是阅读一本学术著作应该达到的基本要求，非此不足以吸收学术著作的营养。在整理学术著作的核心观点、创新点、语言特色等方面内容时，必须对学术著作进行"回读"，并进行思考概括。此过程有利于"语言的建构与运用"这一素养的发展。第二，汇报者在对所阅读的学术著作相关要点做出概括整理后，要选择自己感兴趣、有收获的部分进行评价。学术著作的作者通常都是学术素养深厚的研究者，思维之深广、语言驾驭之娴熟远非阅历尚浅的高中生可比，学生容易陷入作者的观点和思维中，处于一种"跪读"状态，从而失去自己独立的思考判断能力。让学生对学术著作进行评价，就是要让学生学会从更高的视域，去检视整本学术著作。这种检视和评价，就需要学生去更加深入的阅读文本，更重要的是以审视的态度对作者的研究和论述进行思考评判。这对高中生的"思维的发展与提升"大有裨益。

学术著作阅读汇报评议课既包括学生在阅读汇报的过程中对学术著作的核心观点、创新之处、论证逻辑和语言特色等感兴趣的方面做出自己的思考评价，也包括教师和其他学生对汇报者的评价。学术著作汇报评议课同样以小组合作方式组织教学，每个小组合作完成汇报内容，汇报结束后其他小组对其汇报成果进行点评，教师则负责对学生的点评进行评价补充。

若想成功地组织学术著作阅读汇报评议课，教学的重点在课前而非课上。教师首先要检查学生的阅读笔记，了解学生的阅读情况，然后进行针对性的指导。组织学生以小组为单位准备汇报，利用课余时间、自习时间对学生如何汇报进行指导。学生要在教师的指导下，以小组为单位，在课余时间讨论汇报的内容，进行观点整理概括，并制作成幻灯片。在课上，各小组自由分工合作，进行阅读汇报。每一小组汇报结束后安排前一小组进行语言点评，其他未参加汇报的小组都作为评委进行打分，教师对所有小组的汇报进行评价打分。通过这样的方式，学生可以从更加宏观理性的角度对学术著作进行思考，在评价机制的激励下，学生对学术著作整本书阅读的热情会进一步提升。

4. 学术著作阅读成果展示课

学术著作阅读成果展示课是在前三种课型顺利实施的基础上产生的、展示学生学术著作整本书阅读成果的课型。经过学术著作阅读方法指导课、学术著作阅读交流讨论课、学术著作汇报评议课的实施，学生对所阅读的学术著作的核心观点、创新之处、行文逻辑、语言特色等方面已经有了深入了解，并能够尝试以评价者的身份对其进行评判，加之广泛听取了其他小组成员的不同观点，学生在比较思考中对学术著作的认识更加深入，但是这些认识只是一种存在于大脑之中可以随着时间倏尔消失的想法，若不能加以固化，很快就可能"去如春梦了无痕"。把学术著作整本书阅读教学的前期成果固化，正是阅读成果展示课的目的所在。

　　学术著作阅读成果展示课可以灵活采用多种方式组织，如书评展示、观点辩论赛、个人微讲座等。撰写书评是展示学术著作阅读成果的有效手段，书评的撰写既需要对学术著作本身的观点内容、核心思想等方面了如指掌，还需要做出价值评判，并结合自己的知识经验提出独特的看法，这非常适合学生在此阶段整理自己脑海中散乱的观点，将自己的想法以文字的方式条理化地表达出来，这些成果的价值可能远超自己的想象。组织微讲座也是展示学术著作阅读成果好办法，在微讲座准备的过程中，不仅需要阅读所要求的学术著作，还需要结合相关类型的著作和资料，并分析这些资料中所蕴含的信息，推敲所要使用的语言，如阅读完亨廷顿的《文明的冲突与世界秩序的重建》，可以让学生根据阅读经验和自己的思考，做一个关于"从文明的角度看中国外交"的微讲座，讲座结束后，预留时间回答其他学生的提问，形成一种真实状态下的互动交流。让学生在这种展示中深化对全书的思考，进行不同观点的碰撞，在此过程中思维的深刻性、语言建构能力都能得到一定程度的发展。

　　由于高中生阅历浅薄，知识经验不足，所呈现出的书评和讲座可能相对"幼稚"，但是这些尝试中蕴含着无限的潜力和希望。因此，在学术著作阅读成果展示活动中，教师对于学生阅读的成果应当以鼓励支持为主。在整个过程中教师以一个平等的对话者的身份参与其中，与学生共同交流观点。无论是辩论活动，还是书评交流，教师都要注意不能过于明确地断定学生的观点对错，而要保护学生展示阅读成果的积极性。通过这些阅读成果展示，学生在阅读学术著作时产生的思考才能与文字或语言融合，真正成为生命的一部分，融入思想中。

　　关于学术著作的整本书阅读教学设计的四种课型，相互联系，逐步提高。阅读方法指导课重在教会阅读方法，阅读交流讨论课重在解决疑问，阅读汇报评议课重在整体评价，阅读成果展示课重在融汇升华。以学术著作为纽带，这四种课型共同作用，助力学术著作类整本书阅读教学。

（三）教会方法，培养高效的阅读能力

授人以鱼，不如授之以渔，授人以鱼只救一时之急，授人以渔则可解一生之需。学术著作整本书阅读教学的根本目的，不是让学生在高中阶段阅读几本学术著作，而在于让学生学会阅读学术著作的方法，在阅读中感受学术著作的理趣和逻辑，培养对学生对学术著作的兴趣。

1. 略读浏览，整体把握

阅读学术著作之初，首先要对该书做整体的了解。全书中的核心命题是什么？主要观点是什么？书中各章节之间是何种关系？在对著作的全貌有大体了解的基础上，方可决定书中每部分应以何种态度对待。这就需要首先略读浏览学术著作。郑国民教授说："略读是相对于精读，侧重于主要内容的了解和把握；浏览是大略地看，侧重从所阅读的材料中查找所需要的内容或是关键信息。"[①]学术著作类整本书阅读也要略读以把握著作的主要内容和观点，以浏览寻找到著作中的关键点。观点是学术论著的统帅，所有的内容都围绕观点展开。观点不是描述性的话语，而是命题式的判断。[②]这需要我们浏览著作，在层层分析中寻找出作者的核心观点。学术著作中的核心是分布在某些特定位置的，很多部分是可以一扫而过的。快速浏览学术著作时，要在注意力高度集中的情况下以目光扫视书页，浏览书名、作者、序、跋、前言、目录、后记、大小标题、插图、图表、段落的起句、结句、参考文献、索引等，通过浏览这些内容，对全书的概貌可以有基本的认识，了解著作的主要内容，尤其是要特别留意有特点有新意的内容。这往往是最具学术价值之处，可以为进一步精读打基础。诸葛亮"独观大略"，陶渊明"好读书，不求甚解"，都是注重读书的总印象，注重对全书旨意、写作意图的理解，提纲挈领地把握全书的结构，不去计较细枝末节。

熟练地使用略读、浏览的方法，利用一定手段搜集信息，是语文学习自身的需要，也是现代社会对语文教育的要求。有效地运用略读浏览的方

---

① 郑国民. 略读、浏览:阅读教学的重要任务——对《语文课程标准》略读和浏览教学要求的认识 [J]. 中学语文教学参考, 2003（06）: 13.

② 林忠港. 如何引导中学生研读学术论著[J]. 语文教学通讯, 2017（31）: 19.

法阅读学术著作，可以使得学术著作类整本书阅读更加高效优质，在阅读中享受到更大的乐趣。尤其在大量占有阅读材料而由于时间关系不能逐一阅读时，略读浏览尤为重要。

2. 精读探究，重点研习

学术著作旨意深远、微言大义，其精髓绝不是简单地浏览就可以获取的，需要我们对学术著作的核心部分精读探究。精读是进行逐字逐句的细读并反复揣摩研究，是一种深层次的阅读。叶圣陶先生在《精读指导举隅 略读指导举隅》中曾对精读做出解释："精读就是要细细品味作品中一章一节一句，若在阅读中遇到自己有疑惑地方，先标记下来。等读完整本书后，再整理归纳自己有疑问的地方。解决问题时要先依靠自己原有的阅读经验进行解答，再对比其他辅助资料以此加深自己阅读印象。对于自己无法解决问题，可以直接借鉴相关资料帮助自己解答，但当所有问题解决完毕时，需要复读作品，以此加深对作品的思想和内容的认识。最后再次通读作品，形成对作品一个完整认知，从而构建自己的阅读体系。"①

廖一航在《如何高效阅读一本书》中说："'精'就是'眼到、口到、心到、手到'。""眼到""口到"自不必说，关于"手到"，他说："吸进来的智识思想无论是看书来的，或听讲来的，都只是模糊零碎，都算不得我们自己的东西，自己必须做一番手到的功夫，或做提要，或做说明，或做讨论，自己重新组织过，申诉过，用自己的语言述过——那种智识思想才算是你自己的了。"②而"心到"则是对每章每句每字的意义如何、何以如是来用心考究，这不是单纯的枯坐冥想可以得出的，需要借助字典、词典、参考书等工具，还需要文字上的分析和比较贯通。然而，叶圣陶和廖一航的阐述整体还是围绕文学作品而言的，针对的也是阅读文学作品的特点，但是二者的阐述都对学术著作的精读研习有一定借鉴作用。

精读研习学术著作同样应该"眼到、口到、手到、心到"。"眼到"是对于通过浏览筛选之后的学术著作的重点部分要逐字逐句阅读，学术著作以语言的严谨准确著称，因此要认真读懂每个字每个词在语境中的具体

---

① 朱自清、叶圣陶.精读指导举隅 略读指导举隅[M].开封:河南教育出版社,1989:14.
② 廖一航.如何高效阅读一本书[M].沈阳:辽宁人民出版社,2018:62-63.

意思，了解每一句话的准确含义，理解句子与句子之间的关系，把握作者观点，养成认真读书的好习惯。所谓"口到"是对有疑难的地方，要多读几遍，可以读出声来。声音可以对大脑皮层产生二度刺激，对理解疑难之处大有帮助。"手到"一是对阅读学术著作中发现的概念上的问题、不懂的相关知识，要及时地查阅相关资料；二是在阅读时的疑问和心得要及时动笔记录。"心到"则是结合作者的观点与自己的已有知识经验，对作者的观点是否有其合理性做出思考判断。这"四到"不是相互独立的，而是统一于精读学术著作的过程中。

精读研习是学术著作整本书阅读的重点，也是由浅阅读走向深阅读的关键。此环节的阅读效果，极大程度上决定了学术著作整本书阅读教学的成果。

3. 批判性阅读，思辨评析

郭沫若说过，读一切深邃的书都应该如是：第一，要用自己的能力去理解；第二，要用自己的能力去批评。这句话用在学术著作类整本书阅读中恰如其分，经典的学术著作往往有作者个性独特的观点、深远广博的论述，高中生想真正读懂这些著作难度颇高，批判性阅读是深入阅读学术著作、培养学生思辨能力的重要途径。

批判性阅读是读者在阅读中结合自己的生活及阅读经验等，"通过解释、分析、推理、评判、甄别、选择，最终创造或建构意义的过程。"[①]由此观之，批判性阅读不同于一般意义上以获取信息、领会文本意义为目的的理解性阅读，而是一种将文本内容与自身知识经验结合后，以自身立场出发对文本进行评价质疑的阅读方式。在批判性阅读中，读者是以一种平等的姿态进入阅读状态的，读者可以平等地与作者进行交流对话、观点探讨、质疑评判。若想达到这种阅读状态，读者首先要成为作者的听众，不仅仅能够读懂作者表面上的文字，更重要的是了解作者写下这些文字背后的意义。这需要对作者有深入的了解，包括了解作者的背景、仔细观察作者的文字表达方式，琢磨引言和批注等，从而更好地了解作者在字里行间表达的含义，实现对文本的深入把握。在此基础上，才能实现对文本的质

---

① 谢建丰. 批判性阅读管窥 [J]. 语文教学通讯 2006（35）：6.

疑和评价。要注意的是，批判性阅读，不是单纯的为"批判"而阅读，批判性阅读的目的在于以个体知识经验去发现文本新的意义，是一种在阅读中"淘金"以增进自己的思维发展、提高理解力的阅读，因此，所有的批判质疑都必须从理性出发，合乎逻辑。

对于学术著作类整本书阅读而言，批判性阅读更是意义重大。培养学生的学术素养，是学术著作类整本书阅读教学的目标和追求。批判质疑正是学术研究者所应该具备的重要思维习惯，以学术著作的批判性阅读入手，促进学生批判质疑能力的发展，有利于培养学生的学术素养。此外，在当前垃圾信息盛行、各类书籍泛滥的背景下，批判性阅读也有利于提高学生的对阅读材料的辨识度，实现真正对自己有利的阅读。

学术著作的批判性阅读，首先可以从观点入手。观点是学术著作的核心，要结合生活实践和自己的知识经验甚至包括查阅相关资料，思考作者的核心观点是否合理，支持观点的材料是否能有力地佐证观点。比如，欧丽娟老师在《红楼梦立体人物论》中提出"林黛玉其实是一个宠儿"，这一观点是否可信，她的论据是否充足，其他学者如何看待，结合自己阅读经验来看是否合理。这就是批判性阅读的体现。其次，要关注学术著作中的研究方法。作者的研究是单纯的文献研究，还是包括真实的调查研究，采用此种研究方法是否合理，有无弊端，是否会影响结论和观点。此外，学术著作的全文逻辑结构是否合理、所引用的资料是否真实可信、行文语言有无缺陷都可以进行思考质疑，作为批判性阅读的切入点。

学术著作的作者思考力和知识储备远高于高中生，学生容易对书中观点和论述深信不疑，如果借助批判性阅读，学生可以辩证地思考作者的观点，有利于学生思辨能力的发展，促进"思维的发展与提升"，同时也为培养学生的学术素养服务。

三、小说类整本书阅读教学实践

　　高中阶段小说类整本书阅读教学是相对有难度的一种阅读教学，因此需要教师在阅读过程中进行教学策略的指引。综合小说著作的特点、学生发展特点、已的知识水平结构和阅读所要达到的目标，笔者提出适合小说类整本书阅读教学的教学策略和课程形式如下。

（一）小说类整本书阅读教学策略

1. 原生态阅读：唤醒与共鸣

　　关于整本书阅读教学，一线教师做了许多尝试，尤其是在教学策略与方法指导上，力求突出与单篇阅读教学不一样的地方，在实践中提出了众多教学策略。然而，众多尝试者都只关注如何给学生输出更有效更有价值的知识与能力，却忽视了作品文本本身对于学生的价值。阅读小说类整本书，首要的是建构学生对文本最初的感受与理解。同时根据原形阅读理论，提出原生态阅读的教学策略，主要是为了唤醒学生对于作品的原始感受，从而为进一步解读作品搭建桥梁。

　　新课标在课程目标中明确指出："注重个性化的阅读，充分调动自己的生活经验和知识积累，在主动积极的思维和情感活动中，获得独特的感受和体验。"[①]原生态阅读是不经过教师指点，没有任何资料的辅助，不看任何专家学者的评析，学生直接面对作品，进行原形阅读，这样的阅读是直接的、具体的、个性化的。在进行原生态阅读，直面作品时，需要调动自身的生活经验和已有知识结构，进行提问与思考，作好圈点勾画、批注点评的工作。

[①]　参见中华人民共和国教育部制定. 普通高中语文课程标准（2017 年版）［M］. 北京: 人民教育出版社, 2018.

原生态阅读的任务是在通读全文的过程中，梳理情节，认识人物，关注环境，把握细节，感悟作者的写作意图。同时在阅读过程中，不断向作品提问。如学生课上课下自行阅读雨果的《悲惨世界》时，对作品有自己的体会、感悟和认识，提出自己不懂的或是有价值的问题，及时作批注，记录自己的阅读心得和感受。冉阿让因偷一块面包而入狱19年，在狱中的漫长岁月是如何把一个平凡的人变得冷血而憎恨社会的？生活中存在这样不公平的事件吗？如何看待冉阿让的行为？如何看待沙威一系列的质疑与追逼？心中存疑，就能感受雨果作为法国的大文豪，笔力是多么地深厚，思想多么地独特。原生态阅读是学生自发进行的第一遍阅读，阅读完书籍之后，每个人把自己提出的问题收集好，由科代表进行问题汇总。学生在初读完整本书之后有了初步的阅读感受，再由教师课上进行指导，教师引导学生对所提问题进行整理归纳，教会学生辨析所提问题的指向所在。教师心中亦应该有一个大格局观，对学生阅读能力的培养和考查有所指引。比如说关于人物评价的问题则指向思辨能力；关于前后文章的对比则建立文本前后联系，指向梳理探究能力；关于文篇情感变化则指向感知文章内容，筛选信息能力；关于与自身经历和体验的问题，则便于深度感悟主题，理解文章主旨。

阅读文学作品，需要关注读者与作品的关系，每一个读者都会有不一样的感受，而这个独特的感受是最珍贵的。阅读名著，即使触摸不到更深层次的艺术与价值，但是只要走进名著、碰触名著，已是一种生命的收获。

2. 思辨读写：整合与生发

整本书阅读最大的特点就是内容丰富，整合性、拓展性、生发性强，是进行思维能力训练的最好抓手。课程标准中明确提出语文核心素养之一是"思维发展与提升"，思辨性和批判性思维被称为"21世纪技能的核心"。在小说整本书阅读教学中，如何避免浅表浮华的假阅读，最好的策略就是进行思辨读写。思辨读写的领军人物余党绪认为思辨性阅读就是基于文本的理性的反思，批判性思维的前沿专家董毓提出思辨性思维是寻找真相，质疑求证，包容见异，力求共识。[①]思辨性阅读可以帮助学生获取真

---

① 参见董毓、余党绪. 批判性思维与思辨读写对谈 [J]. 语文教学通讯, 2017 (01)：4-11.

知，养成理性求真、多元开放、公正和平的精神气质。

思辨性写作则是在质疑、分析、求证、评估的基础之上进行解释，输出自己的观点。进行思辨性读写教学策略指导的关键在于找到具有整合性与生发性的问题，思辨的基础基于对提出的问题的思辨。思辨性读写的实质是在对话中追求合理与完善。鸿篇巨制的小说名著阅读需要整合与归纳，需要发散与思考，因此一个能够串联作品内核的问题显得非常重要。具有整合性的问题是能够聚合作品的情节结构、内容与精神内核等各个要素，生发性的问题是能使学生进行思维发散，具有生长与勾连的空间。如著名特级教师余党绪在进行笛福的《鲁滨孙漂流记》教学时设计的问题：鲁滨孙为什么要冒险？一个人，一座孤岛，生存28年，何以可能？鲁滨孙靠什么征服"星期五"？鲁滨孙的理性从哪里来？^①每一个问题都是对原文内容的整合概括，都具有探讨和深入的空间，都需要学生仔细阅读作品之后进行思考，调动作品中的诸多因素，整合出一个合理的解释。鲁滨孙何以能一个人在荒无人烟与世隔绝的荒岛上存活28年？这是一个整合了整部作品的问题，引发学生的思辨阅读，归纳得出四个方面的原因：物质基础、生存智慧、坚定信念、理性精神等，那么理性精神是如何体现的？理性精神仅仅是鲁滨孙的吗？其实理性精神还是作者的，是作者赋予主人公理性精神。那么又是谁赋予作者的？是当时的时代和社会心理基础。当时的英国工业革命盛行，崇尚科学精神和理性精神，这是工业时代民众的积极信念，是科技时代人们对理性的坚持与信仰。

思辨性阅读之后，余党绪给学生布置的思辨性写作任务极其有意思，在对学生一系列思辨性问题进行启发之后，最终形成于笔端：根据鲁滨孙独自一人在荒岛中的生存经验，制作一份"孤岛生存指南"。首先这个写作任务新颖，不会受到学生的排斥；其次这一思辨写作有效，能够调动学生前面所有的阅读思考，最终形成思辨性作品。思辨读写是进行小说类整本书阅读最有效的教学策略，不仅可以"入乎其内"，还可"出乎其外"，将问题解决与思维训练结合起来，将阅读与写作结合起来，走进作品，走进心灵。

---

① 参见余党绪. 一人一岛, 28年, 何以可能? ——《鲁滨孙漂流记》整本书阅读教学课例[J] 语文教学参考, 2017(16)：4-9.

3. 比较阅读：求同比异

比较是认识事物的一种基本方法。俄国著名教育家乌申斯基曾说："比较是一切理解和思维的基础，我们正是通过比较来理解世界上的一切的。"[①]根据系统论的观点，比较阅读实质是对多种要素的组合，从而得出新的功能。通过比较阅读，求同比异，可以拓宽整本书阅读的视野，对作品内容与精神旨要的理解更加深入更加透彻。

文学作品是现实世界的反映，人类有共同的心理基础，因而古今中外的作品都会有相似的地方，当然由于时代、历史、环境、地域、国别、民族的区别，作品有其自身的独特性。因此，比较阅读可比较的内容众多：题材、内容、语言、写作手法、主题等；比较的形式亦丰富多样，横向比较和纵向比较等。外国小说作品比较特殊，由于语言的不同，导致有不同的译本，而教师对译本的比较阅读较为忽视，在此笔者重点探讨关于同一部小说作品的不同译本之间的比较阅读。比较译本的不同，感受内容的细微差别，可以增强学生的思维辩证能力。

如关于《悲惨世界》的译本多达几十种，认可度较高的是郑克鲁、李玉民、潘丽珍的三个版本（以下简称郑版、李版和潘版）。即使认可度很高，其间的差别仍然不小，是值得学生探讨的问题，可以训练学生辨析、归纳、概括的思维能力。《悲惨世界》第四部标题的译文在郑版和李版中是"普吕梅街的牧歌和圣德尼街的史诗"，而潘版则译为"吕梅街儿女情，圣德尼街英雄血"；第四部第二卷的第三四小节标题郑版为"马伯夫老爹见到鬼""马里于斯见到鬼"，潘版译为"马伯夫阿爷遇见'精灵'""马里尤斯遇见'幽灵'"。关于第四部大标题的译文，郑版更切合实际，因为牧歌和史诗是西方最常见的两种体裁，牧歌表达温馨的抒情，史诗则为壮阔的讴歌，显然更适于西方的表达。而潘版的"儿女情与英雄血"是中国化的理解，有越俎代庖之意，不能直接体现西方的特点。至于郑版的"鬼"亦是中国传统以来的称呼，西方的传统表达则更倾向于潘版的"精灵""幽灵"，在此若从文化传统表达与尊重原著这个角度出发，又是潘版更为适恰。要准确地辨别这些译文从哪一个角度切入，就必须深入了解不同国家不同文化的

---

① 尚登宝. 阅读的高限效能 [M]. 济南: 山东教育出版社, 1991:92.

传统与历史，这可以让学生不局限于文本字义，而是关注更深的文化层面。

从内容层面的译文进行比较可以让学生对作品内容进行更深入地思考，哪一个标题能够更好地概括与体现，这显然需要经过学生的思考与整合。第五部第四卷郑版和李版的译文分别是"出轨的沙威"和"沙威出了轨"，而潘版是"雅韦尔灵魂出轨"。郑版和李版直接说的是出轨，一看标题可能容易造成误解和悬念，沙威居然会出轨？如此自律有执着信念的人会出轨？细读原文发现这不是一般意义上的"出轨"，而潘版的"灵魂出轨"则更能够明确地传达内容和思想，沙威的灵魂出轨是其引以为傲的自信和信念受到了质疑，显然这个译文更易为读者所接受。

外国名著由于语言不同，译者个人学识经历和文风的不同，必然导致译本与译本之间的迥然差别。学生若学有余力，读不同版本的同一名著小说，经过筛选、辨识与思考，语言的敏感度和感受能力增强，对译者的整体风格有所把握，深入研究还会发现不同地域文学的差异。比较后会发现，不存在哪一个版本的译文是完美的，都有自身的优缺点，学生若不局限于一个译本，把其他译本作为重要参考，便可领略更多的风味佳肴，有更多自己的思考与判断。

比较阅读这一教学策略在"整本书阅读"教学中占据一席之地，比较思维是高中生认知发展的重要标志，在"整本书阅读"教学中，用好比较阅读这一教学策略，将获得事半功倍的效果。

4.跨界阅读：拓展思维

吴欣歆认为："跨界阅读指的是在整本书阅读过程中，跨越学科边界、突破纸质媒介进行的综合阅读。"[①]当今社会科技发展迅速，媒介丰富，信息量大，获取信息的渠道也越来越多，单是文字媒介可能略枯燥无味，跨媒介阅读不仅可以激发学生更大的阅读兴趣，还可以充分调动学生的想象，拓展学生的思维。

在小说类整本书阅读中可以利用的媒介有影视、戏剧、图像、书画、评书、连环画、为人物配音等。在阅读教学中，最常采取的跨媒介教学策略即观赏电视、电影和戏剧。许多著名的文学作品皆有多种媒介的表现形

---

① 吴欣歆、许艳主编.书册阅读教学现场［M］.北京：教育科学出版社，2016：45.

式，如"四大名著"多次被翻拍成电视、电影和动画，外国名著亦是如此。跨界阅读不是无目的、赏玩性的观赏，而是有目的性地进行。跨界阅读的目的主要涵盖对作品内容的再现、对细节的把握、对人物的理解、对场景的描述等转换是否合理，记录自己观赏过程中的感受与冲击。

在进行跨界阅读时，教师合理地布置任务，提出有针对性的有价值的问题，进行转换性思考。原著与影视作品有何异同？影视作品做了哪些异化处理？对于有不同版本的影视作品，你更倾向于哪一部？为什么？这些问题都能引发学生的深入思考，易促使学生细读原著，形成自己的看法与见解，同时对学生的思维亦是巨大的冲击。

在跨界阅读时，还可进行转换性写作。如看到电影中的某个情节或者画面，如果让你用文字表述出来，你会怎么写？这就需要学生对文本的细读，对电影画面的捕捉与把握，调动学生的文字素养，写完之后再与原作对照，发现其中的优缺点，感受作家写作的过人之处，鉴赏其语言运用的独特性，进行语言建构与运用。若是擅长画画的学生，亦可根据作者对人物形象的描述，加上自己对人物的理解进行艺术创作，勾勒出自己心目中的人物具象。

跨界阅读是教师常用的教学策略，这一策略符合学生的身心发展特点，能够满足学生的好奇心与表演欲，能够最大限度地调动学生的生活经验，激发学生的主动性、积极性和参与性，同时对于学生的形象思维、直觉思维、批判思维和创造思维的发展与提升大有帮助。

（二）小说类整本书阅读课程形式

整本书阅读既然纳入教学内容，就需要思考其课程教学的模式，根据小说作品的篇幅长度、内容庞杂、结构复杂、主题多元等特点，学生受传统教学模式和流程的影响以及学生接受心理的过程，把小说类整本书阅读教学的课程形式设置为五个环节：导读课、自读课、指导课、交流课、展示课。

1. 导读课：方法多样、激趣阅读

导读是于20世纪70年代以后兴起的一种教学模式，对语文学科领域的教学改革产生重要影响。导读理论倡导在语文教学中多启发学生自发自主

地思考，较早的导读实践者有黎见明，丰富了导读的理论基础。"导"主要侧重导读方法，黎见明提出了"讲""练""问"的形式，促进学生对教学内容产生更多的兴趣和思考①。随后钱梦龙进一步确立了导读在语文教学中的重要地位及其新模式，创立"三主三式"导读法②。导读的主要目的有两个：一是最大化地激发学生的兴趣，二是调动学生的主动性和积极性，发展学生的创新思维。关于整本书阅读的导读有传统的名著导读，名著导读在教材内有较为具体的提示，主要分为三个部分：背景介绍、作品导读、思考探究。背景介绍主要包括成书的社会历史背景、文学历史地位、作品内容简要、写作手法介绍、作者生平简介和影响地位等。作品导读包括指导学生如何阅读名著，提示作品重点内容与艺术价值。思考探究部分则是提出一些关于作品的思想内涵、艺术特色以及现实意义方面的思考题，旨在考查学生的理解运用能力。由此观之，名著导读课重点在于对作品的诸多要素的介绍与概括，让学生基本了解作品内容、手法及思想内涵，并设计思考题，引导学生对作品进行有方向性的思考。这是由于以前的名著阅读仅有导读课，而没有接下来的指导课、交流课、展示课等，导读完以后就是学生的自主阅读，再无其他。整本书阅读的导读与名著导读应有很大区别，整本书阅读强调学生的原生态阅读，形成学生自身独特的感悟。因此在进行整本书阅读的导读课时，应以激趣为主，即最大限度地激发学生的阅读兴趣，最大化地激发学生的思考，而不是一股脑儿地把作品内容灌输给学生，这样的导读课才是有意义的。

对于激趣阅读的整本书阅读导读课，开发一些新颖的多样化的导读方式，对接下来的课程有很大的帮助。在此推荐以下几种导读方式。

价值意义评价导读是教师介绍所读小说整本书在文学史的地位，在生活中的现实意义，名家对其或高度赞扬或有争议性的评价，从而激发学生的求知欲和探索欲。如笛福的《鲁滨孙漂流记》在美国必读书目中永远排在前列，这样一本冒险探险小说何以如此受欢迎呢？

精彩片段导读则是展示书中非常精彩的片段，吸引学生继续阅读。如塞万提斯的《堂吉诃德》是非常有意思的小说，书中的情节的场景都极其

---

① 参见黎见明. "导读"研究［J］. 四川师范大学学报（社会科学版），1986（01）.

② 参见钱梦龙. 论"训练为主线"——"主体，主导，主线"再探之三［J］. 语文学习，1988（10）.

吸引人，如大战风车的片段，符合学生爱玩网络游戏的心理。

新颖问题或任务导读是教师设计与作品相关的新颖的问题，或者布置新颖而有挑战性的任务进行激趣导读。如余党绪老师在进行《鲁滨孙漂流记》设计的社会实验报告："方案设计者：笛福；实验参与者：鲁滨孙；实验内容：一个人，一座孤岛，28年的生存，何以可能？实验设备：加勒比海的某孤岛和来自文明世界的一艘船；实验思路：流落孤岛——生存抗争——重回文明世界。"①这是余党绪对小说名著整本书阅读的设计，取得了显著的效果，学生热情高涨，阅读效果极好。

跨媒介导读则是借助其他媒介进行导读，如影视作品、动画片、游戏等。经典作品以各种形式流传，教师可以抓住学生心理发展特点，借助媒介渠道进行导读，亦能取得不错的效果。

面对鸿篇巨制的小说整本书，尤其是经典小说名著，学生的阅读兴趣是低下的，甚至是排斥的，这与学生长期以来阅读意志力的薄弱有关。因此，在进行小说整本书阅读教学时，导读课是非常必要的。导读课的方法多样，能够激发学生对小说作品的阅读兴趣，走进作品深入思考，带着问题与探究的欲望去阅读，在阅读过程中寻找答案。

2. 自读课：素读会心、批注常存

自读课是整本书阅读至关重要的一个环节，以往的名著阅读不关注学生的自主阅读，而是教师直接讲授作品主要内容、写作特色和主题思想，忽视学生对作品的元感受。根据原形阅读理论的观点，强调学生的原形阅读，自主阅读，强调学生对文本的素读，直接面对文本，与原著进行对话，与作品中描绘的世界进行心灵交流。

自读课不是只限于课堂，名著整本书的阅读篇幅巨大，阅读时间长，耗时量大，仅靠有限的课堂时间必然是完不成的。这里的自读课是指课程形式中的一个必不可少的环节，在进行整本书阅读教学中必须有学生的原生态阅读，有学生自主地通读全书。因此，自读课的时间域广阔，阅读时间可灵活处理。时间可在课内和课外，专门的阅读课和自习课，地点可在学校、家庭和其他各种场所。只要有时间有场所，都可拿出书进行素读，

---

① 余党绪. 整本书阅读"：读经典、学思辨、练读写——《鲁滨孙漂流记》"思辨读写"实践[J]. 语文学习, 2017(06)：27-32.

走进作品。"整本"要淡化"教导"、强化"自读",不以教师的讲解代替或限制学生的阅读与思考。[①]学生自主阅读作品,不是带着功利的目的去阅读,而是怀抱欣赏愉悦的心态,这便是温儒敏先生说的"连滚带爬"式地阅读整本书。这主要是指一种阅读心态,是略读,是不求甚解的阅读。读的是乐趣,读的是自由,读的是经验,读的是与作者描绘的世界的共鸣。吴欣歆认为"整本书阅读更符合自然阅读状态"[②]。这些著名语文老师都主张学生用自然状态自主地阅读整本书,在小说作品或悲或喜或幽默的世界里徜徉。

学生在阅读时思维可以天马行空,可以畅所欲读,但同时需要做好圈点勾画、批注点评、自我提问等工作。在阅读过程中,遇到喜欢的有哲理的句子,或是能够表明情节线索、人物性格、作者意图等评论性的语句,都可圈划摘录下来。注意圈点勾画的标志——圈划关键性语句用圆圈,有疑问或暂时不理解之处画单问号,有疑问需认真思考处画双问号,星号画在应熟记或背诵处等。这是我国传统的读书辅助方法。

其次是做好批注,批注有眉批、旁批、夹批、尾批,批注内容有注释、提要、批语、警语,批注的种类有感思式批注、质疑式批注、联想式批注、评价式批注、补充式批注。在阅读过程中把自己读书的感想与思考写在旁边,由作品内容生发的联想与想象记录在作品中,对作品内容做点评和补充。宋朝学者朱熹有"朱子读书法",喜欢在阅读过程中圈点勾画,做批注点评,且一读二读三读,每回读书都有不一样的侧重点。圈点勾画和批注点评是非常好的阅读习惯,能够养成学生边看书边思考的良好习惯,达到"忘我"且又"有我"的境界。

自我提问是思辨性阅读的重要标志,有疑才见义。学会质疑,学会发问,阅读是作品与读者思维碰撞的过程,与作品进行心灵对话的过程,认真阅读与思考的学生都会有疑问。把问题随时记录下来,由科代表整合,教师归类,较多同学都存疑的内容或是新颖创新的部分将成为交流课上的重点讨论内容。

自读课是小说类整本书阅读的课程形式的第二环,环环相扣,缺一不

---

① 中华人民共和国教育部. 义务教育语文课程标准［M］. 北京: 北京师范大学出版社, 2011: 22.

② 参见吴欣歆. 语文课程视野下的整本书阅读［J］. 课程·教材·教法, 2017（05）: 22–26.

可，每个环节都有着重要意义。自读课是学生接触作品的最原始的感受，是学生最珍贵的阅读体验。

3. 指导课：问题指向、资料链接

指导课是小说类整本书阅读教学的第三个环节，指导课是在导读课和学生自主原生态阅读之后，在课堂上教师对学生初读后的效果进行检测和指导，给予学生一些读书方法的指导，整合学生在自读时汇集的问题，并设计有针对性的议题和任务，用任务驱动来进一步推动学生再读作品、再次思考。其次针对作品中难度较大的部分提供一些辅助资料，用资料链接的方式助读，带领学生向更深处漫溯。

指导课对小说类整本书阅读进行二次阅读的读程设计，在第二次的通读过程中给出问题指导和任务清单。指导课突出教师的宏观意识，教师需要明确所阅读作品的独特地位和价值，明确课程标准中对整本书阅读教学的要求，学生从整本书阅读中应提升的能力。因此在设计问题时，问题应具有指向性和针对性，或是贯串全书的主问题，或是激发学生深入思考的真问题；任务清单也应具有明确的能力指向，是指向梳理和概括能力、搜集与整理能力、筛选与分析能力、比较与鉴别能力，还是品味与鉴赏能力、评估与解释能力等。问题清晰有效、任务指向明确，是指导课的关键。

指导课中教师可以适当地提供一些参考资料。资料链接是为了辅助学生阅读而准备的，辅读资料可以是有关作者生平经历介绍，对作品的理解和把握很重要；也可是有关于时代背景的介绍，根据文化批评理论，每一部作品的写就都渗透了时代背景和历史社会环境的内容；同时还可是专家学者对作品的解读与评价，或许可以给困惑的小读者们一些启示。如在教学《悲惨世界》时给学生提供系列辅读资料，包括介绍作者的参考书籍《雨果传》，关于时代背景的《法国大革命》，社会心理层面的《法国大革命与革命心理学》，作家的相关小说《九三年》。还可以提供给学生一些著名学者对《悲惨世界》的研究解读，以及《悲惨世界》的电影和音乐剧等影视资料。

指导课可用一至两个课时，提出问题，布置任务，提供方法上和内容上的指导，带领学生阅读与分析，深入阅读作品，进行"忘我"式的思考，为下一阶段的交流课做好准备。

4. 交流课：内容统整、集约碰撞

交流课是小说整本书阅读课程形式的第四个环节，是在教师导读、学生自读，教师指导之后的课堂交流环节。交流课主要是对全书内容的统整，集中解答疑难，师生共同探究交流，进行思维的碰撞。

交流课是对前面几个环节所总结的重点内容和有争议的问题进行整合，开展专题研讨，教师因实际情况而做调整，对学生没有想到的话题或不够深入的部分教师予以引申供学生思辨。教师的身份在交流课上不是主导地位，而是作为"引导者""促进者"，教师可以从自己的阅读体验上、整本书内容或主题的深度等方面提供一些交流讨论的议题，也可从学生在阅读过程中遇到的疑难问题、可深入的有价值的问题等角度来进行交流探讨。

交流课的主要目的是对作品内容的统整，解决自读课中的疑难和有争议的问题，分享交流自己的阅读感悟和阅读体验，在相互碰撞的分享交流课中达到思维的发展。交流课的课程流程为提供议题，学生自由发言。议题的确定是根据自读课中学生提出来的重合度较大的问题，同时还有教师在宏观调控的过程中补充的问题，以便学生更好地理解作品，更高效地开展交流。在发言过程中，学生会有不一样的观点，质疑、解释、论证，相互补充，在交流中形成新的观点。通过交流讨论，丰富了每一个学生的阅读感受，加深了学生对某个情节、某个人物、某个人生哲理的理解，生发出更多的问题和思考。

5. 展示课：思辨写作、异彩纷呈

展示课是小说整本书阅读课程形式的最后一个环节。展示课主要是学生阅读整本书之后对内容的整体把握与整合，对阅读作品后产生的众多感悟的个人或小组展示。展示课最能检验学生阅读整本书的效果，考查学生阅读整本书各方面能力的提升程度。

展示课主要是学生阅读小说作品的反馈，把阅读作品之后的感悟用各种形式展示出来。在展示课这一环节中，需要调动学生诸多方面的能力，考查了学生阅读的深度与广度，检验了学生的概括、分析、辩证、评估、解释的能力。展示的内容涉及方方面面，或是对人物的辩证分析，或是探

究作品的整体风格，或是对内容主旨的创新理解，或是阅读作品的独特感受，或是对内容整合的创新形式。如阅读《红岩》之后，开展"铁窗下的心声"诗歌朗诵会。这不仅需要学生在全面理解故事内容和人物性格之后做出整合，同时还需要学生多方搜集资料，对人物精神做出精准的归纳，从而进行诗歌创作。

　　展示课既是学生阅读作品之后的反馈评价，方式便不应单一，而是异彩纷呈，让学生尽情发挥才能。思辨写作是展示课的关键，通过对作品进行深入的思考，搜集多方面的知识，进行读写结合。在这方面上海师大附中的特级教师余党绪做得很到位，提出母题、议题、问题三个层次来进行思辨阅读，对作品有较为深入透彻的理解，最后写出自己深刻的感受与见解。展示的方式多种多样，如学术形式的有撰写小论文、读书报告、书评、给人物立传等，搜集资料，有理有据地发表自己的看法；活动形式如开展班级读书交流会和文学沙龙，在交流讨论中形成新解。开展辩论会和戏剧表演，通过集体合作，在活动中互相促进相互成长；创新形式给作品设计一套试卷，给学弟学妹们写作品推介，做推广海报等，在对作品全面掌握的基础上，进行创新形式的展示。北京市外国语学校的程现亮老师在进行《水浒传》的整本书阅读教学时，在展示课的环节采取了"我为林冲立传"的形式，给学生提供了四个角度：以人物关系为线索，以身份的转换为线索，以事件为线索，以时间为线索①，让学生充分整合作品内容，如此不仅可以获知林冲性格的发展变化与成因，还可凭借这一个体来窥视当时社会的全貌。

　　学生在阅读小说之后获得的感悟、收获、新解需要一个展示的舞台。展示课便能够很好地检验学生阅读作品之后的效果。采用各种各样的形式供学生进行创作展示，学生参与度高，效果良好，而且能有效提升学生的思辨写作能力。

---

① 参见吴欣歆、许艳主编. 书册阅读教学现场［M］. 北京：教育科学出版社，2016：102–104.

四、戏剧类整本书阅读教学实践

在小说、诗、散文和戏剧等文学体裁的文学作品当中，戏剧有其作为整本书阅读对象的独特优势。因此，也具有其独特的教学价值，能够激发学生阅读戏剧兴趣，熟悉戏剧基本知识；让学生赏析戏剧独特语言，提升学生语言素养；使学生感受人物形象特征，助力学生品味社会现实人生。因此，戏剧类文本是高中整本书阅读的不可或缺的文本。但是在大力提倡整本书阅读教学的今天，戏剧整本书阅读却一直不受重视。面对与整本书阅读有极高适配性的戏剧，我国语文教育工作者一直没有寻找到一条关于戏剧整本书阅读有效的、切实可行的路径。在此，笔者根据新课程标准提出几条戏剧类整本书阅读教学的建议。

（一）结合戏剧文体知识教戏剧

1. 帮助学生建立戏剧的基础知识体系

对不同的文体，鉴赏应该有不同的侧重点，如小说侧重人物和情节，散文侧重情感，这是由于文学体裁的基本特征所决定的。面对戏剧类整本书阅读教学，教师应重视戏剧文体知识，帮助学生树立起文体意识，了解戏剧的基础知识，并通过多次阅读和练习，形成关于戏剧的知识体系，这对于学生阅读能力的培养才是正确的、科学的。

（1）教师应该培养学生的文体意识

不同的文学体裁有不同的特点，鉴赏的角度和方法自然也有差异。因此，要提高学生的鉴赏能力，首先应该具备文体意识，能明晰各文体的特征，以不同的角度赏析不同的文本。但是在传统的教学中，关注更多的是文本内容，而忽视了文体形式。因此，在整本书阅读教学方面，应该纠正传统教学观念，关注文本的文体类型，在观念上树立起文体意识，提高对文本的赏析能力。培养学生的文体意识，也有利于知识的结构化，将文本知识分为小说、散文、戏剧、诗歌等类别，再逐一搭建每个文体相关的知识，这种文体教学符合布鲁纳提出的"教学应该让学生具有'学科结构'"的要求。这种被学生"认知结构"内化的文体分类，一是有利于各文体知识的掌握，二是能提高学生知识的迁移能力，提高鉴赏水平。因此，教师首先要培养学生的文体意识。

（2）教师应该帮助学生了解戏剧文学体裁的基本特征

文学体裁的基本特征，是学生鉴赏该文体作品的关键切口。如曹禺的《日出》中有大量的舞台提示来描绘人物的动作，而这些动作包含大量的情绪成分，描绘陈白露的舞台提示有"兴高采烈地""孩子似地执拗着""露出愉快的颜色""很苍老的""久经世故地"，如果学生了解戏剧具有动作性特点，了解戏剧动作与人物内在情感的联系，便可从这一系列的情绪动作及变化中解读出陈白露内心被压抑着的天真烂漫。我们应该让学生在树立文体意识之后，建构起对戏剧基本特征的认识。笔者在前文提到，戏剧有"尖锐的矛盾冲突""内容凝练""情节紧凑""独特的台词艺术"等方面的特征。在教学中，教师可以采取"规则-例子"的教学方法。如教师在讲解"尖锐的矛盾冲突"后，举例《窦娥冤》中对窦娥安于命运的心理与命运不公之间的对抗，"情节紧凑"则可以梳理《窦娥冤》的情节，分析其情节的密度。在"规则-例子"的教学之后，教师还应该采取练习的办法，让学生自己对文本的某一文体特征进行分析，在练习中巩固并加深学生对戏剧文体特征的了解。

（3）教师应该帮助学生了解戏剧的多样化形式

戏剧根据不同的特点，可分为戏曲、话剧、歌剧、舞剧、哑剧、音乐剧等。同样，教师指导学生阅读戏剧，应该让学生了解这些戏剧形式的特点。戏曲主要有音乐性、虚拟性、象征性特征值得注意，在音乐性方面，戏曲非常注重雕琢唱词，不仅在音乐形式上具有音乐美，在文辞上，也注重押韵、语气词和节奏感，如《窦娥冤》中【正宫】【滚绣球】的唱词，押an韵，有"哎"这一拟声词，句子长短相间，形成语言形式上的音律美；在虚拟性方面，与西方戏剧强调写实不同，戏曲追求神似，因此在意境营造上更加自由，如《窦娥冤》中的"三伏天道，下三尺白雪"这样违背常理的、具有强烈反差的意象组合，给人以审美冲击。象征性指以象征的手法再现生活现实，达到艺术的真实。例如"血飞白练"，暗示着窦娥蒙冤，"飞霜六月""亢旱三年"是天气异象，暗示窦娥对黑暗现实的奋力抗争感动了天地。戏剧中与现实不符的描写，是经过艺术处理的艺术真实，不仅不会引起读者的质疑，反而会引发读者基于生活体验的艺术联想，对窦娥的冤屈有更深刻的体会。

由于戏剧具虚拟性和有象征性的特点，教师要引导学生在阅读过程中关注和写实有出入的地方，挖掘其深层含义，体会其艺术形象的审美感受。话剧是指以对话为主的戏剧形式，是从西方引入的戏剧形式。话剧的艺术特点和戏曲不同，它抛弃了中国戏曲的创作模式，弱化了音乐和舞蹈方面的艺术感，更集中于人物形象、主题意蕴的表现，反映当时的社会生活，直面人性的美与丑、善与恶，揭露社会生活的阴暗面。关注话剧对社会现实的批判，是学生赏析话剧的重点。歌剧强调音乐的表现作用，将音乐和文字融合。歌剧最主要的特征在于用音乐来塑造人物形象、表达剧情内容。除了音乐以外，歌剧的另一个特征在于语言是诗化的。这意味着，在阅读和赏析歌剧的过程中，要关注到音乐形式对情感、剧情和人物方面起到的表现作用，如《茶花女》在第一幕中的演唱形式是"咏叹调"，以舒缓的旋律表现薇奥莉塔对爱情的向往和对现实的无奈之感；还要关注到语言的诗性，语言优美、简洁，具有很强的抒情性。而舞剧、哑剧和音乐剧在动作性、音乐性和美术等方面的视听美感更多，纯粹的戏剧类文本阅读难以感受到这些艺术美感，因此这三种戏剧不适合作为整本书阅读的对象，仅作了解。总之，戏剧形式多样，各有千秋，教师应该引导学生了解其特点，为鉴赏提供路径，这也更能接触到艺术美感所在。

（4）教师应该帮助学生了解戏剧文学的美学特征

戏剧可以分为悲剧、喜剧和正剧，每种剧在一定程度上都有不同的美学特征，也正因为此，悲剧和喜剧后来"上升为相对稳定的审美形态"[①]。学生了解并掌握这些基本美学特征，能提高其文学素养和审美能力，帮助学生在阅读过程中获得较好的审美体验，使鉴赏具有一定的深度。

---

① 朱立元.美学［M］.北京:高等教育出版社,2006:182.

　　悲剧在美学方面主要有四个方面的特征，学生掌握这些特征，有利于戏剧类整本书的解读与鉴赏。一是"包含了无法调和的事件和激烈的矛盾冲突"[①]，例如《哈姆雷特》中经典的"生存还是毁灭"之间的冲突，《窦娥冤》中善与恶的冲突、人与命运之间的冲突，这一审美特征给学生阅读的启示是寻找到对立、冲突的双方，并分析其差异性带来的悲剧感受。二是题材方面往往"触摸到人类发展和历史进程中比较重大的哲学命题"[②]，例如《被束缚的普罗米修斯》触及追求自由的主题，学生了解这一审美特征后，会有意识地挖掘戏剧背后的哲学主题。学生在阅读《哈姆雷特》的过程中，了解因其叔杀父娶母，从而为父报仇的动因之后，可以深挖出莎士比亚借哈姆雷特表达对"人"的认识和"命运悲剧"的主题。三是戏剧主人公"具备了英雄性格"[③]，这种英雄性格体现在外显的英雄气质和内隐的灵魂力量，如哈姆雷特，在面对强大的敌人，最终完成了自己的使命，经受住命运的考验，直至毁灭，这是他外显出的英雄气质，显示出他追求道义和捍卫尊严的精神力量。同时，比之深刻的是哈姆雷特的精神世界，哈姆雷特的理想和现实境遇之间的冲突，形成了他心理上的困境。现实人性的丑恶，让他怀疑这个世界的本来面目，陷入了精神危机，这种困境造成了哈姆雷特的疯狂和痛苦。而直面这种现实，完成复仇，消除了丑恶，实现了对这种困境的突破，是其内心灵魂世界对现实的超越。学生在了解"戏剧主人公具备英雄性格"的特征和内涵之后，会有意识地发掘主人公在对抗时体现出来的英雄性格，能从冲突和超越中赏析到这种性格特征带来的悲剧审美感受。四是"在塑造人性典范时，引发了悲剧的崇高感"[④]。悲剧引发的审美感受不仅是同情，观众在见证了人物遭受痛苦折磨后仍追求内心道德自由，会产生超越现实、超越人自身的崇高感。在教学时，应该结合文本帮助学生掌握这一美学特征，学生会有意识地去分析人物遭受异己打击的压抑，并从压抑中感受人物追求理想的意志之坚决，在摧毁之中感受到人物的崇高之美感。在学生掌握了悲剧的审美特征之后，教师可以引导学生学习喜剧的审美特征，并运用到

---

① 顾春芳. 戏剧学导论[M].. 北京: 北京大学出版社, 2014: 415.
② 顾春芳. 戏剧学导论[M].. 北京: 北京大学出版社, 2014: 417.
③ 顾春芳. 戏剧学导论[M].. 北京: 北京大学出版社, 2014: 418.
④ 顾春芳. 戏剧学导论[M].. 北京: 北京大学出版社, 2014: 418.

戏剧整本书阅读的鉴赏活动中来。

（5）以影像阅读帮助学生了解剧本蕴含的舞台艺术

影像阅读是一种立体时空、声像结合的视听活动，是指观众理解电视剧、电影、卡通等影像信息的过程。戏剧是综合的艺术，对于戏剧文学的鉴赏，我们不能忽略文字形式内含的音乐、美术和舞蹈方面的艺术性。例如中国传统戏曲的表现手段是唱、念、做、打，这些表现手段和艺术性都蕴藏在文字内，如宫调【正宫】【南宫】【仙吕】、曲牌【滚绣球】【贺新郎】，都包含着音乐性，但文字难以把这些视听艺术传达出来。面对这样的问题，教师可以借助影像阅读，帮助学生了解文字内具有的视听艺术，建立起学生阅读剧本的舞台感。在观看完直观的影像资料之后，学生对戏剧的音乐性、美术性有了直观的了解，再重新回到戏剧类文本的阅读时，能更好地把握文字内蕴含的舞台艺术。

2. 引导学生掌握并迁移赏析戏剧的方法

在学生建构起戏剧文学的基本知识结构后，教师应该引导学生运用戏剧的基本知识结构进行文本赏析。

（1）结合戏剧文体特征赏析戏剧

文体特征是戏剧突出的特点，是学生阅读赏析的抓手。比如，学生在了解"戏剧冲突"这一文体知识之后，教师要及时引导学生将"戏剧冲突"和戏剧鉴赏结合起来，帮助学生掌握戏剧冲突分为人物之间的冲突、人物与环境的冲突、人物自身性格或观念的冲突等基本形式，让学生能够把握住故事背后的戏剧冲突所在，进而指导学生根据冲突分析人物形象、情节艺术和作者的思想，将戏剧冲突从文体知识转换为戏剧文体的鉴赏方法。台词艺术也是戏剧的重要特征，其中台词语言的个性化与性格化、潜台词和动作性等艺术特点，都为学生的戏剧鉴赏提供路径。例如潜台词是分析人物心理的重要手段，学生掌握了潜台词的知识之后，学生能够有意识地关注台词是否有言外之意，并挖掘出其中蕴含的人物情感。还有些唱词还具有诗化的形式，学生可以分析唱词在音律、意境、语言典雅等方面的艺术性。总之，戏剧文体特征可以为学生提供有效的鉴赏方法，教师要进一步引导学生在阅读中使用文体特征进行赏析，促进学生知识方法的迁移。

（2）结合美学特征赏析戏剧

运用美学知识鉴赏戏剧，能帮助学生挖掘文本深层的价值，也能丰富学生阅读的审美体验，从文学解读和鉴赏中获得戏剧整本书阅读的乐趣。笔者在前文提到悲剧的美学特征，这实际上为戏剧鉴赏提供了思路。例如鉴赏《窦娥冤》时，学生可以分析戏剧冲突蕴含的悲剧感受。窦娥对礼教和社会本抱有的美好的希望，在观念上和黑暗现实之间形成无法调和的冲突，善和恶之间发生对抗，理想愿望遭到现实命运的践踏，在冲突和对抗之间，又蕴含着美的价值被摧毁的悲剧感受，具有净化心灵的作用。学生也可以从悲剧人物出发，分析人物在苦难中的心态和行为，感受人物的精神力量。窦娥所经历的不仅是黑暗的现实，还包括命运的磨难：她三岁丧母，七岁又被父亲卖作童养媳，丈夫又在刚完婚时就去世，这一系列都是外在的命运悲剧，紧接着她又遭遇伦理上的命运悲剧，她在道德上保持着高度自觉，对社会抱着美好态度，但是这些伦理上的认识很快与社会现实形成了冲突，并且遭到了污蔑。在整个事件里，窦娥都无法掌握自己的命运，但是我们可以注意到她虽然经历了一系列的磨难，她却一直保持着内心的和谐，她内心的美好并没有遭到破坏。学生可以分析出窦娥在面对社会不公平的对待时，并不是束手就擒、毫无反抗的，即便在生命的最后一刻也在奋力抗争，体现了窦娥追求人性高尚的永恒意志和捍卫尊严的精神力量。学生在掌握了戏剧的美学特征之后，教师应引导学生利用美学特征对文本进行分析，帮助学生以审美的眼光解读戏剧主题和人物内心世界，丰富学生的审美体验。

（3）从戏剧文学史的角度赏析戏剧

由于课时的限制，教授完整的戏剧文学史是不切实际的，但教师在教学中融入文学史的意识是可以做到的。这种文学史的意识，为学生的戏剧类整本书阅读提供了宏观的框架，既利于学生积累文学阅读的经验，也有利于学生利用框架内的知识鉴赏文学作品。文学史主要有两个方面，可以为学生的赏析提供思路，一是从作者的创作风格方面，二是从对作品的继承和发展方面。

作家的创作思想和手法一般较为稳定，因此对文本赏析有一定的指导性。例如关汉卿在语言方面，做到人物语言的性格化，雅俗得当，符合人物的身份、心态和性情。在分析关汉卿的戏剧时，对于语言艺术的分析，就可以从语言个性化的角度出发。学生不难发现《窦娥冤》中太守梼杌的台词具有个性化的特点，梼杌上场开口的第一句——"我做官人胜别人，告状来的要金银"就将贪官污吏的形象展现得淋漓尽致。关汉卿的创作思想包含对女性的同情和尊重，以及对女性反抗意识的弘扬。如《救风尘》中的女性赵盼儿，具有智慧、英勇、侠义等优点，体现了对女性的尊重和赞扬。《窦娥冤》中窦娥在遭遇现实的不公后，对天地的合理性和神圣性的质疑，对现实的三桩诅咒，都反映了窦娥对这个世界的反抗。可见，教师引导学生结合作家的创作风格分析文学作品，是有利于学生赏析具体作品的，但是教师也要引导学生规避"以作家风格套作品"进行生硬解读的问题，鼓励学生从具体作品的艺术特征中发现作家的创作特点。

作品的创作，不是完全独立的，存在着继承与发展的关系，这为学生的赏析提供了新角度。在赏析某部作品时，学生应该和其他作品联系起来，这有利于知识的迁移，运用比较的方法也更容易发现作品的特点。例如王实甫的《西厢记》在语言方面，具有本色的特点，和关汉卿的剧作一样，这样就联系起了两个作家的风格，也加深了对人物语言个性化的理解。同时，通过比较，《西厢记》的语言，尤其是唱词部分，比《窦娥冤》更加地典雅，营造的意境氛围更优美。这样的方法要求学生从孤立的语境中跳出来，有助于学生将阅读经验联系起来，形成一个整体，也有助于打开鉴赏思路。《普通高中语文课程标准（2017年版）》要求学生"能比较两个以上的文学作品在主题、表现形式、作品风格上的异同"[1]，而联系文学作品进行赏析，无疑能落实课程标准的要求。

总之，戏剧文学史的知识，可以帮助学生建构稳定的戏剧知识结构，有利于学生积累阅读经验、迁移知识，为学生戏剧整本书阅读提供了有力支持。

---

[1]　中华人民共和国教育部制定. 普通高中语文课程标准（2017 年版）[M]. 北京:人民教育出版社，2018: 31.

（二）树立戏剧类整本书阅读的读写结合观

1. 树立正确的读写结合教学观念

从建构主义的理论来看，"读"和"写"都基于同一心理机制。学生在阅读过程中，必须揣摩作者的写作意图，可以建构起"如何写作"的知识，包括体裁特点、写作思路、写作内容的安排等。学生在写作过程中，又需要站在阅读者的角度思考"这样的表达合不合适""好在哪里"等问题。因此，"读"和"写"从理论上来看，在思维上是具有共通点的，可以实现读写之间相互促进的教学期望。

读写结合在我国语文教学中由来已久，语文教师也在作积极的尝试。在阅读教学中常见的读写结合方式有两种，一种是通过读后感结合读写，另一种是通过仿写结合读写。这两种读写结合的方式，"读"与"写"只是在形式上结合，没有在思维上相互转换与融合。读书笔记只是以书面形式反映获取的阅读经验，侧重的仍然是阅读理解。而仿写脱离了文本语境，更多的是对语言形式的复制。教师需要树立正确的读写结合观念，让学生在"读"和"写"的过程中追问为什么这么写，思考文本内容在表达上的作用。

2. 寻找戏剧类整本书阅读读写结合的结合点

戏剧整本书阅读中要实现读写结合，需要文本给予支撑，让学生在文本中进行读者和作者的转换，而这个文本内容就是读写结合的结合点。例如哈姆雷特的某段独白，具有很高的语言价值，教师可以引导学生思考"莎士比亚为何这样写""表达上有什么作用"等问题，就将这段独白变成了结合点。结合点不仅可以是一段台词，也可以是某一个人物形象或是某一次戏剧冲突。为了有效促进学生的读写能力，教师需要找到一个合适的结合点，可以从以下方面考虑。一是考虑学生的兴趣。学生对语言性格化感兴趣，可以把反映人物性格的台词作为结合点，引导学生分析"如何把人物描绘得惟妙惟肖"，并借鉴这种表达思路，用台词来刻画身边的人。学生对戏剧冲突的表现感兴趣，教师可以引导学生分析"作者如何安排冲突""前面有什么铺垫""怎么结束冲突""冲突双方的表现又如何"等思路。二是考虑学生写作方面的缺陷。学生在抒情方面有缺陷，教师可以把抒情性台词作为结合点，引导学生分析台词"蕴含什么情感""是如何表达出来""具有什么效果"，并引导学生运用这种写作思路来表达情绪。三是考虑阅读方面的障碍，学生在把握潜台词方面有障碍，可以把潜台词丰富的戏剧片段作为结合点，例如《雷雨》第一幕周萍上场时和繁漪的一段对白，先分析这段台词具有丰富潜台词的原因。繁漪和周萍之间有不伦之恋，繁漪还依恋着周萍，周萍却已变心，许久不见的两个人之间肯定有很多话想说，但是在场的还有周冲，所以繁漪和周萍的台词里夹带着弦外之音。然后分析如何传达这种弦外之音的，这段话里，作者借助了不合理的对白方式。周萍看到繁漪和周冲都在，却对周冲说"你在这儿"，而不是"你们在这"，显然有忽视繁漪的意思。当周萍问繁漪"您好一点了么"，繁漪却答"谢谢你，我刚刚下来"，这种回答文不对题，但周萍知道繁漪是在埋怨他没有上楼看她。对于这一结合点的思考，学生既学会了如何分析潜台词，又懂得了如何安排潜台词。总之，教师要从学生发展的角度设计结合点，把握住结合点在创作思路上的特点，为学生的阅读和写作引航。

除了在阅读文本中寻找结合点以外，以写作任务作为结合点也是可行的。教师可以要求学生根据一种主要的写作思路创作一个简短的剧本。比如根据语言性格化的思路为主，学生创作的剧本应该包含多处体现人物性格的台词，这有助于学生在写作时，能够通过人物语言展现一个生动的人物形象。当学生遇到创作困难时，教师可以引导学生分析剧作家如何组织人物的台词。"叫我三声嫡嫡亲亲的丈夫"这一句台词之所以能成功刻画张驴儿好色荒淫的形象，与话语情境有关，张驴儿在过失杀人之后，不但不愧疚，还妄想强迫窦娥叫他为丈夫，这种行为表现了他恬不知耻的本性；与"嫡嫡亲亲"的修饰有关，这原本是在关系亲密的情况下使用，和张窦之间的关系完全相反，关汉卿借有强烈反差的词来表现张驴儿无耻的程度；同时关汉卿还借"三声"和"叠音"放大"嫡嫡亲亲"的反差感受，强化了张驴儿荒淫的形象。引导学生关注身边人说的话，记录下能反映性格的话语以及当时的情境，分析这句话语体现了什么性格特点，分析如何改编话语和话语情境可以凸显这样的特点。写作任务作为结合点，可以帮助学生发现阅读文本在表达上的优点，也可以在写的过程中"迁移"这种表达方式，切实促进学生的读写能力。

附　　录

教育部基础教育课程教材发展中心高中阅读指导目录（2020年版）

序号	推荐学段	分类	图书名称	作者
1	高中	人文社科	共产党宣言	［德］马克思、恩格斯 著
2	高中	人文社科	实践论 矛盾论	毛泽东 著
3	高中	人文社科	习近平新时代中国特色社会主义思想学习纲要	中共中央宣传部 编
4	高中	人文社科	大众哲学	艾思奇 著
5	高中	人文社科	中国特色社会主义基本原理	韩庆祥，张健，张艳涛 著
6	高中	人文社科	中国共产党历史	中共中央党史研究室 著
7	高中	人文社科	新中国70年	当代中国研究所 著
8	高中	人文社科	中国历史十五讲	张岂之 主编
9	高中	人文社科	中华法制文明史	张晋藩 著
10	高中	人文社科	锦程：中国丝绸与丝绸之路	赵丰 著
11	高中	人文社科	论语译注	杨伯峻 译注
12	高中	人文社科	老子今注今译	陈鼓应 注译
13	高中	人文社科	资治通鉴选	王仲荦等 编注
14	高中	人文社科	中国思想史纲	侯外庐 主编
15	高中	人文社科	中国文化精神	张岱年，程宜山 著
16	高中	人文社科	人间正道是沧桑：世界社会主义五百年	顾海良 主编

续表

序号	推荐学段	分类	图书名称	作者
17	高中	人文社科	简明世界历史读本	武寅 主编
18	高中	人文社科	简单的逻辑学	［美］麦克伦尼 著
19	高中	文学	孟子译注	杨伯峻 译注
20	高中	文学	庄子选集	陆永品 选注
21	高中	文学	楚辞选	陆侃如，龚克昌 选译
22	高中	文学	汉魏六朝诗选	余冠英 选注
23	高中	文学	唐宋散文举要	王水照 著
24	高中	文学	唐宋传奇选	张友鹤 选注
25	高中	文学	宋词选	胡云翼 选注
26	高中	文学	窦娥冤：关汉卿选集	（元）关汉卿 著/康保成，李树玲 选注
27	高中	文学	西厢记	（元）王实甫 著/王季思 校注
28	高中	文学	牡丹亭	（明）汤显祖 著/徐朔方，杨笑梅 校注
29	高中	文学	三国演义	（明）罗贯中 著
30	高中	文学	徐霞客游记	（明）徐霞客 著
31	高中	文学	红楼梦	（清）曹雪芹 著
32	高中	文学	官场现形记	（清）李伯元 著
33	高中	文学	人间词话	王国维 著
34	高中	文学	鲁迅杂文选读	鲁迅 著
35	高中	文学	呐喊	鲁迅 著
36	高中	文学	彷徨	鲁迅 著
37	高中	文学	屈原	郭沫若 著
38	高中	文学	子夜	茅盾 著
39	高中	文学	茶馆	老舍 著
40	高中	文学	边城	沈从文 著
41	高中	文学	家	巴金 著
42	高中	文学	暴风骤雨	周立波 著
43	高中	文学	曹禺戏剧选	曹禺 著

续表

序号	推荐学段	分类	图书名称	作者
44	高中	文学	围城	钱钟书 著
45	高中	文学	射雕英雄传	金庸 著
46	高中	文学	平凡的世界	路遥 著
47	高中	文学	哦，香雪	铁凝 著
48	高中	文学	历史的天空	徐贵祥 著
49	高中	文学	三体	刘慈欣 著
50	高中	文学	中华传统文化经典百篇	袁行霈，王仲伟，陈进玉 主编
51	高中	文学	经典常谈	朱自清 著
52	高中	文学	语文常谈	吕叔湘 著
53	高中	文学	诗词格律	王力 著
54	高中	文学	乡土中国	费孝通 著
55	高中	文学	堂吉诃德	［西班牙］塞万提斯 著/杨绛 译
56	高中	文学	哈姆雷特	［英］莎士比亚 著/朱生豪 译
57	高中	文学	普希金诗选	［俄］普希金 著/查良铮 译
58	高中	文学	悲惨世界	［法］雨果 著/郑克鲁 译
59	高中	文学	大卫·科波菲尔	［英］狄更斯 著/宋兆霖 译
60	高中	文学	战争与和平	［俄］列夫·托尔斯泰 著/刘辽逸 译
61	高中	文学	莫泊桑短篇小说选	［法］莫泊桑 著/张英伦 译
62	高中	文学	契诃夫短篇小说	［俄］契诃夫 著/汝龙 译
63	高中	文学	老人与海	［美］海明威 著/李育超 译
64	高中	自然科学	齐民要术	（北魏）贾思勰 著
65	高中	自然科学	天道与人文	竺可桢 著/施爱东 编
66	高中	自然科学	科学史十论	席泽宗 著
67	高中	自然科学	数学文化小丛书	李大潜 主编
68	高中	自然科学	时空之舞：中学生能懂的相对论	陈海涛 著
69	高中	自然科学	呦呦有蒿：屠呦呦与青蒿素	饶毅，张大庆，黎润红 编著

序号	推荐学段	分类	图书名称	作者
70	高中	自然科学	5G+：5G如何改变社会	李正茂等 著
71	高中	自然科学	科学革命的结构	［美］托马斯·库恩 著
72	高中	自然科学	笛卡儿几何	［法］笛卡儿 著
73	高中	自然科学	自然哲学之数学原理	［英］牛顿 著
74	高中	自然科学	狭义与广义相对论浅说	［美］爱因斯坦 著
75	高中	自然科学	化学键的本质	［美］L.鲍林 著
76	高中	自然科学	物种起源	［英］达尔文 著
77	高中	自然科学	基因论	［美］摩尔根 著
78	高中	自然科学	生命是什么	［奥］薛定谔 著
79	高中	自然科学	天体运行论	［波］尼古拉·哥白尼 著
80	高中	自然科学	计算机与人脑	［美］冯·诺伊曼 著
81	高中	自然科学	从存在到演化	［比利时］普里戈金 著
82	高中	艺术	美学散步	宗白华 著
83	高中	艺术	美源：中国古代艺术之旅	杨泓，李力 著
84	高中	艺术	生命清供：国画背后的世界	朱良志 著
85	高中	艺术	中国古代服饰研究	沈从文 编著
86	高中	艺术	中国皇家园林	贾珺 著
87	高中	艺术	名家讲中国戏曲	《文史知识》编辑部 编
88	高中	艺术	漫画的幽默	方成 著
89	高中	艺术	我的音乐笔记	肖复兴 著
90	高中	艺术	艺术的故事	［英］贡布里希 著/范景中 译

参考文献

[1] 傅任敢. 《学记》译述 [M]. 上海: 上海教育出版社, 1962.

[2] [苏联]. 苏霍姆林斯基. 给教师的建议 [M]. 北京: 教育科学出版, 1984.

[3] 霍绍周. 系统论 [M]. 北京: 科学技术文献出版社, 1988.

[4] 朱自清、叶圣陶. 精读指导举隅 略读指导举隅 [M]. 开封: 河南教育出版社, 1989.

[5] 郑三法. "悬念" 在语文教学中的运用 [J]. 语文教学与研究, 1989 (05).

[6] 尚登宝. 阅读的高限效能 [M]. 济南: 山东教育出版社, 1991.

[7] 魏宏森著、姜吉维绘. 系统论 [M]. 郑州: 河南美术出版社, 1991.

[8] 张必隐. 阅读心理学 [M]. 北京: 北京师范大学出版社, 1992.

[9] 朱熹. 孟子集注 [M]. 济南: 齐鲁书社, 1992.

[10] 董奇、陶沙. 论脑的多层面研究及其对教育的启示 [J]. 教育研究, 1997 (10).

[11] 董菊初. 叶圣陶语文教育思想概论 [M]. 北京: 开明出版社, 1998.

[12] 曾祥芹. 阅读学新论 [M]. 北京: 语文出版社, 1999.

[13] 郑国民. 略读、浏览: 阅读教学的重要任务——对《语文课程标准》略读和浏览教学要求的认识 [J]. 中学语文教学参考, 2003 (06).

[14] 叶圣陶. 叶圣陶集 (第16卷) [M]. 南京: 江苏教育出版社, 2004.

[15] [美] 莫提默·J·艾德勒、查尔斯·范多伦. 如何阅读一本书 [M]. 郝明义、朱衣译. 北京: 商务印书馆, 2004.

[16] [美] David A Sousa. 脑与学习 [M]. "认知神经科学与学习" 国家重点实验室脑与教育应用研究中心译. 北京: 国轻工业出版社, 2005.

[17] 朱立元. 美学 [M]. 北京: 高等教育出版社, 2006.

[18] 谢建丰. 批判性阅读管窥 [J]. 语文教学通讯 2006 (35).

[19] 叶澜. 教育学原理 [M]. 北京: 人民教育出版社, 2007.

[20] 张忠原、徐林祥. 语文课程与教学论新编 [M]. 南京: 江苏教育出版社, 2007.

[21] 刘永康. 西方方法论与现代中国语文教育改革 [M]. 北京: 人民出版社, 2007.

[22] 高文、徐斌艳、吴刚主编. 建构主义教学研究 [M]. 教育科学出版社, 2008.

[23] 于漪. 我和语文教学 [M]. 北京: 人民教育出版社, 2008.

[24] [英] 约翰·凯里. 阅读的至乐 [M]. 骆守怡译. 南京: 凤凰传媒集团、译林出版社, 2009.

[25] 周庆元. 语文教育研究概论 [M]. 长沙: 湖南人民出版社, 2010.

[26] 王建丰. 师生共读: 将学生带入灿烂的阅读星空 [J]. 中国教育学刊, 2010 (S2).

[27] [法] 斯坦尼斯拉斯·迪昂. 脑的阅读——破解人类阅读之谜 [M]. 周加仙等译. 北京: 中信出版社, 2011.

[28] 林语堂. 苏东坡传 [M]. 杭州: 浙江文艺出版社. 2014.

[29] 顾春芳. 戏剧学导论 [M]. 北京: 北京大学出版社, 2014.

[30] 叶圣陶著, 中国教育科学研究院编. 叶圣陶语文教育论集 [M]. 北京: 教育科学出版社, 2015.

[31] 王海燕、魏尉编. 语文阅读教学策略研究 [M]. 天津: 南开大学出版社, 2015.

[32] [美] 约翰·杜威. 逻辑: 探究的理论 [M]. 邵强进等译. 上海: 华东师范大学出版社, 2015.

[33] 吴欣歆、许艳主编. 书册阅读教学现场 [M]. 北京: 教育科学出版社, 2016.

[34] 褚华、邓启铜、杨权. 易经 [M]. 南京: 东南大学出版社, 2016.

[35] 余党绪. "整本书阅读"之思辨读写策略 [J]. 语文学习, 2016 (07).

[36] 董毓、余党绪. 批判性思维与思辨读写对谈 [J]. 语文教学通讯, 2017 (01).

[37] 余党绪. 一人一岛, 28年, 何以可能? ——《鲁滨孙漂流记》整本书阅读教

学课例[J]语文教学参考, 2017(16).

[38]张世浩. 初中语文"整本书阅读"课程化探索[D]. 陕西师范大学, 2017.

[39]刘会. 初一学生整本书阅读的指导与实践[D]. 苏州大学, 2017.

[40]胡勤主编. 高中语文学习任务群教学设计[M]. 杭州: 浙江教育出版社,
2017.

[41][美]玛利亚·哈迪曼. 脑科学与课堂——以脑为导向的教学模式[M]. 杨
志、王培培译. 上海: 华东师范大学出版社, 2017.

[42]汤勇. 致教育[M]. 武汉: 长江文艺出版社, 2017.

[43]王永林. 提升阅读能力 发展语文核心素养[J]. 教育实践与研究(A),
2017(Z1).

[44]徐鹏. 整本书阅读: 内涵、价值与挑战[J]. 中学语文教学, 2017(01).

[45]吴欣歆. 语文课程视野下的整本书阅读[J]. 课程·教材·教法, 2017(05).

[46]李凡捷、李桂华. "深阅读"之争议与再思考[J]. 国家图书馆学刊, 2017
(06).

[47]余党绪. 整本书阅读": 读经典、学思辨、练读写——《鲁滨孙漂流记》
"思辨读写"实践[J]. 语文学习, 2017(06).

[48]林忠港. 如何引导中学生研读学术论著[J]. 语文教学通讯, 2017(11).

[49]李雪梅. 探索"师生共读"的有效思路[J]. 语文建设, 2017(34).

[50]马岚岚. 高中整本书阅读的实施研究[D]. 河北师范大学, 2018.

[51]蒋雁鸣. 整本书阅读教学工作坊[M]. 长沙: 湖南教育出版社, 2018.

[52]褚树荣、黄会兴. 开卷有益: 整本书阅读与研讨[M]. 上海: 上海教育出版
社, 2018.

[53]王宁、巢宗祺主编. 普通高中语文课程标准(2017年版)解读[M]. 北京:
高等教育出版社, 2018.

[54]廖一航. 如何高效阅读一本书[M]. 沈阳: 辽宁人民出版社, 2018.

[55]李卫东. 整本书阅读教学的几种偏向[J]. 中学语文教学, 2018(01).

[56]魏玉山、徐升国. 第十五次全国国民阅读调查主要发现[J]. 出版发行研
究, 2018(05).

[57]朱伟. 基于师生共读的"浸润式"主题阅读教学[J]. 中学语文教学参考,
2018(20).

[58] 王永林. 人物传记类文本的教学价值与策略探究 [J]. 江苏教育研究. 2018 (23).

[59] 王晶. 用 "非正文" 阅读打开整本书阅读的大门——《苏东坡传》读前引导 [J]. 中学语文教学参考, 2018(34).

[60] 李学杰. 新媒体对青少年阅读方式和阅读行为的影响研究 [J]. 教育教学论坛, 2018(48).